引爆高效执行力

没有执行力一切都是空谈
执行力才是成功与失败的真正分水岭

杨琴 ◎ 著

中国纺织出版社有限公司

内 容 提 要

全书共分为上、下两篇，上篇详细阐述员工执行力的重要性，以及常见误区；下篇作为本书的核心和重点，详细讲述如何通过"九力"彻底引爆执行力，分别对执行标准设定力、执行目标分解力、执行时间规划力、执行的行动力、执行过程的把控力、执行结果的评估力、执行人员的角色定位力、执行中的高效沟通力、执行中的团队合作力各个方面进行剖析，同时书中包含了丰富翔实的实践案例，分析透彻，应用性很强。除此之外，本书还介绍了诸多实用的提升执行力的方法和技巧，通过"九力"步步为营引爆高效执行力，帮助企业快速把员工培养成卓越而有着超强自我执行力的人才。

图书在版编目（CIP）数据

引爆高效执行力 / 杨琴著. --北京：中国纺织出版社有限公司，2020.8
ISBN 978-7-5180-8569-9

Ⅰ. ①引… Ⅱ. ①杨… Ⅲ. ①企业管理—人力资源管理 Ⅳ. ①F272.92

中国版本图书馆CIP数据核字（2021）第098241号

策划编辑：史　岩　　　　　　责任编辑：段子君
责任校对：寇晨晨　　　　　　责任印制：储志伟

中国纺织出版社有限公司出版发行
地址：北京市朝阳区百子湾东里A407号楼　邮政编码：100124
销售电话：010—67004422　传真：010—87155801
http://www.c-textilep.com
中国纺织出版社天猫旗舰店
官方微博 http://weibo.com/2119887771
北京市密东印刷有限公司印刷　各地新华书店经销
2021年8月第1版第1次印刷
开本：710×1000　1/16　印张：14
字数：158千字　定价：48.00元

凡购本书，如有缺页、倒页、脱页，由本社图书营销中心调换

目录

上篇 认识高效执行力

第一章 执行力是否高效是管理成败的关键 / 3
  第一节 企业为什么需要高效执行力 / 4
  第二节 员工执行力关系企业成败 / 7
  第三节 执行力就是企业的竞争力 / 9
  第四节 不要让你的拖延毁了企业 / 13

第二章 执行力常见误区 / 19
  第一节 心态误区：自命清高，盲目乐观 / 20
  第二节 能力误区：不求上进，安于现状 / 24
  第三节 执行误区：单打独斗，埋头苦干 / 28
  第四节 主次误区：处处重点，不分主次 / 32
  第五节 方法误区：虎头蛇尾，差不多即可 / 36
  第六节 细节误区：眉毛胡子一把抓，忽视细节 / 40

下篇 用好"九力"，彻底引爆执行力

第三章 执行标准设定力：规范自我执行标准 / 47
- 第一节 执行不到位一切等于零 / 48
- 第二节 力求小事也做到极致 / 51
- 第三节 坚持实事求是的原则 / 55
- 第四节 设定执行的精度、广度、速度 / 59
- 第五节 严格按照企业章程、制度执行 / 64

第四章 执行目标分解力：引导自我执行方向 / 69
- 第一节 目标明确，执行才有方向 / 70
- 第二节 目标精细化分解决定执行精度 / 73
- 第三节 把目标量化到每个工作流程 / 76
- 第四节 计划适当调整，目标坚定不变 / 79

第五章 执行时间规划力：掌控自我执行时间 / 83
- 第一节 把时间花在刀刃上 / 84
- 第二节 掌握有效的时间管理技巧 / 87
- 第三节 增强时间紧迫感，提升工作执行力 / 90
- 第四节 21天成功练就一个超强执行力者 / 94

第六章 执行的行动力：加快自我执行速度 / 99

第一节 执行＝计划＋行动 / 100

第二节 执行拼的就是速度 / 103

第三节 没有行动的计划只会让人拖延 / 107

第四节 快速执行从消灭借口开始 / 111

第五节 打铁要趁热，执行要趁早 / 115

第七章 执行过程的把控力：提高自我执行质量 / 119

第一节 三思而后行，过程灵活把控 / 120

第二节 执行要有方，用科技改善工作流程 / 123

第三节 最好的执行依赖于创新 / 126

第四节 突破思维定式，另辟执行蹊径 / 130

第五节 细化与优化流程，高效运行保障全面执行 / 133

第六节 工匠精神提升执行完美度 / 137

第八章 执行结果的评估力：优化自我执行结果 / 143

第一节 深度考量自我执行力 / 144

第二节 结果反省，让错误更有价值 / 148

第三节 用经验、教训优化未来执行结果 / 152

第九章 执行人员的角色定位力：弥补自我执行缺失 / 159

第一节 角色定位明确 / 160

第二节 快速角色转化 / 163

第三节 多重角色思考问题 / 168

第四节 团队协调合作，是主角也是配角 / 171

第十章 执行中的高效沟通力：提升自我执行效率 / 175

第一节 强效沟通促成超强执行力 / 176

第二节 积极主动与上下级沟通 / 180

第三节 摒弃沟通障碍 / 185

第四节 沟通的原则与技巧 / 189

第十一章 执行中的团队合作力：增强自我执行力 / 195

第一节 消除个人意识，积极融入团队 / 196

第二节 学会分享才能共赢 / 199

第三节 合理分工，各尽所能 / 203

第四节 塑造统一价值观，增强执行凝聚力 / 206

第五节 众人拾柴火焰高，执行力 1+1>2 / 209

上篇
认识高效执行力

第一章
执行力是否高效是管理成败的关键

执行力，是一个企业经营和发展的核心所在，也是企业管理成败的关键。执行力，作为企业对于员工的一个重要要求，就是将上级领导安排的计划付诸实践的行动过程，真正执行到位，才能更好地完成任务，促进企业不断发展。如果执行力在全员中落实不到位，公司的绩效将无法得到保障。而大量员工的执行力是否高效，是企业管理成功的关键。

第一节　企业为什么需要高效执行力

创新工场董事长兼CEO李开复曾经说过："只有创意没有执行力必然失败，只有执行力而创意欠缺，还是有机会成功。"具备高效执行力的员工相信是每一个企业领导者都希望拥有的。高效执行力能够让员工更加认真负责地完成自己的任务，对企业而言，是不可或缺的人才。

例如，一个员工经常为自己完不成任务而找借口，每天对自己的工作产生各种各样的疑问，并且无法按照领导的要求完成任务，那么，这个员工肯定不能按时、高质量地完成工作。从小的方面来说，可能耽误工作的进度；从大的方面来说，可能影响整个公司的发展。因此，员工必须拥有高效的执行力才能更好地促进企业的发展。

世界闻名的家电制造商海尔就是一家有着超强执行力的企业，尤其是员工的执行力，更是业内闻名。海尔在早期发展过程中，曾经陷入濒临倒闭的境地，但是今天，海尔已经成为闻名世界的大公司，这不得不说与海尔员工"日事日毕，日清日高"的工作制度有着密切的关系。在海尔的发展过程中，海尔总裁张瑞敏曾经怒砸七十六台冰箱的故事给每一个海尔员工都留下了深刻印象，这更验证了海尔集团高度的执行力，每天的事情必须当天做完就是海尔员工的高效执行力。

海尔之所以能够由一家名不经传的小公司，发展成为一个闻名世界的家电制造商，和它对于员工"日事日毕"的工作要求有很大关系，但更为关键的是，员工对于这项制度的高效执行力。在每个人进入职场的那一刻，就代表了他必须承担工作中的责任，把自己的工作做好，完成上级的要求，为企业的发展贡献出自己的一份力量，但是同时也要实现自己的个人价值，这也是海尔能够得以快速发展的一个主要原因。

当然，员工工作的完成离不开高效的执行力，只有具备高效执行力，才能够快速执行企业的战略和决策，从而为企业带来利润。毕竟任何企业都需要能干而又聪明的员工，而这两点，都会体现在员工的执行力当中。因此，对于员工来说，高效的执行力就显得尤为重要。

1.对于企业的发展来说，员工的高效执行力是实现企业战略目标的关键

任何完美的计划和战略都需要高效的执行力做保证。要想执行必须有目标，同样执行力的存在也是实现目标的必要前提。具有高效执行力

的员工能够严格地按照企业制定的战略或者目标坚定不移地去执行，从而以最快的时间、最高的质量完成任务。因此，企业要想更好地实现发展战略和目标，就必有培养高效执行力员工。

2. 在工作中，衡量员工工作能力的重要标准之一就是员工的执行力

试想一下，一个什么都不懂、什么也不会的员工必然无法顺利地按时完成工作，更别说具有高效的执行力了。因此，员工只有不断地培养自己的执行力和工作能力，才能保质保量地完成任务。

3. 高效的执行力是员工在企业立足的根本

互联网时代的企业发展是处于不断变化当中的，这就要求员工必须在激烈的市场竞争中跟随企业成长，只有不断地学习，提高自己的能力，拥有高效执行力，才能更好地适应企业的发展，进而在企业立足。所以，高效的执行力能够让员工更好地体现价值，可以说高效的执行力是员工在企业立足的根本。

由此可见，高效的执行力对员工和企业多么重要。其实，在企业发展中，执行力只是其中的一部分，但却是最为关键的一部分。可以说，员工的竞争就是执行力的竞争，谁能更快、更好地完成任务，谁就能更好地证明自己的价值。因此，高效的执行力是一个优秀而出色的员工所必须具备的能力，也是企业更好发展的重要保证。

第二节　员工执行力关系企业成败

在现实生活中，制定目标后要通过努力来实现，制定战略和方法后要通过高效的执行力来落实。但是，很多人往往在实践过程中忘了最初制定战略目标和方法的意义，在遇到各种困难和阻碍的时候轻易放弃，使得目标无法完成。其实，很多时候领导者为企业制定好战略目标和策略方法，而这也是员工在工作中为之努力的方向，但是，无论计划得多么完美，规划得多么完善，缺乏有效执行力的员工只会将事情搞砸，最终阻碍企业的发展，也会影响员工在企业的发展前途。可见，员工的执行力关系企业的成败。

员工的高效执行力就是最大限度地利用和转化资源，并在短时间内高效完成任务，而这往往意味着可以更好地完成工作，将工作的结果快速转化为企业的经济效益，促进企业不断发展。而一家企业的定位与布局、发展与进步，更是需要完美的执行力才能得以实现。因此，员工的执行力是决定企业成败的关键因素。那么，员工如何在企业的发展过程中提升自我执行力呢？

1. 换位思考：学会站在领导者的角度思考问题

职位决定心态，也决定了看问题的角度和眼光。很多员工执行力不高的原因就在于仅仅将自己定位为员工，内心想的只是为别人打工，而这种员工可能在一开始，会因为手里的工作与自己的利益相关而产生强烈的兴趣进而很好地执行。但是，随着时间的推移，难免会产生一种懈怠心理，执行力和竞争力都将大打折扣。这个时候就需要员工学会换位思考，用领导者的眼光看待问题，就会在工作中发现原来是在为自己工作，从而对工作充满激情，培养高效执行力，为企业创造更高的效益。

2. 角色定位：明确自己的职责

每一个员工在企业发展中，都有自己的工作职责。但是很多员工在工作中感到很茫然，并不能完全了解自己的工作内容，因此只是被动地应付工作，为了工作而工作，无法将全部的热情和智慧投入到工作中，这样下去，员工的执行力永远不会提高。因此，员工只有明确自己的职业内涵，不断强化责任意识，做好自己的本职工作，不做超越职责范围的事情，才能有条不紊地进行工作，保证高效、准确地完成任务，进而促进企业不断发展。

3. 思想提升：提高个人素质

执行力的高低是考验员工素质的一个重要方式。处于高速发展的社会，员工必须不断学习、充实自我、提高个人素质，才能更好地适应社会需要。要知道，良好的知识水平和扎实的基本功能够更好地提高员工的执行力，而学习欲望强烈的员工能够更好地掌握各种知识和技能，提高内在涵养，从而加速提升自己的工作执行力。

具有员工的执行力能够促进企业的发展，相反，缺乏高效执行力的员工会面临失败的危险。毕竟，没有执行力就没有工作成效，或者需要以更高的成本来换取工作成效，这种做法得不偿失，根本无法为企业创造更多的利润。最为关键的是，缺乏执行力的员工必然会形成一种消极、没有激情、机械的工作心态，慢慢地还可能影响其他员工，导致沉闷压抑工作氛围，进而影响企业的发展，导致企业遭受巨大的经济损失，严重的可能会面临倒闭的风险。

员工的执行力决定企业成败，也就是说，高效的执行力能够促进企业的发展，而缺乏执行力可能导致企业面临倒闭的风险。执行力是一个企业成功的重要条件，也是在这个瞬息万变的时代，应对激烈的市场变化能够做出迅速反应的关键。只有每一个员工自觉地提高执行力，才能凝聚更强竞争力，从而打造出一家生机勃勃、前程似锦的企业。

第三节　执行力就是企业的竞争力

很多时候，员工都会有这样的感觉，认为"自己执行力的高低不会对企业产生重要的影响，也不会影响企业的竞争力"。其实，这种想法是非常错误的。员工无论职位大小，你的执行力都是影响企业竞争力的一个关键因素。企业不养无用的员工，每一个职位的设置都要适应企业运营发展的需要，因此，每一个员工的执行力都会对企业的竞争力产生重要影响。

很多员工都会认为"执行得差不多就行了，执行中的一些小问题也不需要那么严格"。但是，往往细节决定成败，每一个员工都有自己的工作职责，都对企业的生存和发展具有重要意义。因为个人执行不到位可能造成企业资源的浪费，从而影响整个企业的进步。

戴尔公司董事长迈克·戴尔曾经说过："所谓执行力，就是员工在每一个阶段都一丝不苟地切实执行。"这就要求每一个员工必须做好本职工作，才能更好地提高自己的执行力。当然，高效执行力也会给企业带来强大的竞争力。因此，提高个人的执行力成为提升企业竞争力的重要因素。那么，如何通过提升个人的执行力来提高企业的竞争力呢？

1. 培养个人军人的工作意识

军人的天职是服从命令，这是众所周知的。企业的每一个员工都应该有这样的工作意识，毕竟没有服从就没有执行的开始。当上级领导开始安排工作的时候，有的员工会因为个别原因推辞，这是一种非常不正确的做法，也不是一个好习惯的开始。只有无条件地服从领导的安排，才不会因为个人执行力的问题而影响整个企业的发展，进而降低企业的竞争力。

李强是广告部的新员工，在进入公司以后，被分配的第一项任务就是做市场调查,以便摸清楚以后工作的重心,经理叮嘱李强,一定要按照规定保质保量地完成任务。李强心想,这个任务有什么难的呢?于是就满怀激情地投入到市场调查中去了,但是现实往往和想象有一定的差距,在他表明意图之后,人们并不愿意接受这样的调查,更别说认真仔细地填写这份调查问卷了,甚至很多人都不给李强说话的机会,直接拒绝。就这样,一上午时间过去了,李强仅仅完成了十份调查问卷,距离经理安排的任务还有很多很多,怎么办呢?

中午在肯德基吃饭的时候,李强看到旁边有几个中学生在做作业,于是灵机一动,想到了一个"高明"的做法:自己可以来填写这些调查问卷啊。于是,他在店里找到一个偏僻的角落,亲自动手填写调查问卷,就这样,他越填越多,越填越熟练,很快就填完了。到晚上下班回公司交差的时候,经理特地表扬了李强,说他的工作效率极高。但是第二天,经理就把李强叫到了办公室谈话了。原来公司有着很完善的数据真实性检验模式,通过检验,很明显发现了李强的数据造假行为。公司让员工进行市场调查只是为了考验他们对于上级命令的服从程度,显然李强没有达到要求,最终被劝退了。

案例中,李强之所以会被劝退,最为根本的原因就是在执行过程中没有服从上级的指示要求,投机取巧,对上司的命令没有军人般的服从意识,没有严格要求自己。每一份工作都有其困难之处,但是,不克服困难企业就无法成长,只有真正克服困难,高度服从上级安排,才能提高企业的竞争力，促进企业的发展。当然，对于员工来说，只有不断像军人般工作，严于律己，才能不折不扣地完成任务，推动企业可持续发展。

2. 保持爱钻研、求上进的工作热情

执行力之所以能够影响企业的竞争力，很大一部分原因就是员工要想保持高效的执行力必须精通自己的专业知识，保持工作的热情，不断钻研专业知识。只有这样，才能够在工作中更好地提高个人执行力，保质保量完成工作。很多员工在刚开始接触工作的时候，都会感到新鲜，干劲十足，但是往往在漫长的工作中，这种新鲜感和干劲会被消磨掉。因此，要想更好地提高自我执行力，员工必须保持爱钻研、求上进的工作热情。

3. 提升个人素质

从个人意愿来看，很多员工的执行行为分为主动和被动两种，显然主动的执行力是公司最渴望的，拥有主动执行力的员工也是领导更为重视的员工。这就需要员工不断提升个人素质，增强自己工作意愿的主动性，将自己的行动变成自动自发的行为，以很强的责任心，想尽一切办法、付出一切努力把这项工作完成，自然执行力就会越来越高，也会给企业带来更高的利益，促进企业的发展。员工在提升个人素质的时候，自然就会形成一种自主自发的工作态度，无论是否有领导监督都能努力工作，用最严格的标准要求自己，达到最佳的执行效果，将自己的执行力效果和企业的发展紧密相连。

4.坚决地执行公司的规章制度

拥有较强竞争力的公司必然是一家制度严明、行为规范、执行力超强的公司。企业的规章制度是员工工作和行为的准则，也是约束所有员工言谈举止朝着目标不断前进的动力。虽然，很多时候，企业的规章制度是非常琐碎的，对员工懒散的行为进行了限制，看似不近人情，但是，正因为这样，才能更好地约束员工的执行力，让每个员工都能更好地完成工作任务，保证工作中每个环节顺序完成，进而提升企业的竞争力，为企业的发展保驾护航。

员工的执行力也是企业的竞争力不是说说而已，只有真正从每一个员工的执行力抓起，才能更好地提升企业的竞争力。企业是一个团队，团队是由每一个员工组成的，每一个员工都在团队之中起着至关重要的作用，对企业的发展产生重要影响。因此，每一位员工要积极培养和提升自我执行力，才能进一步转化为企业在市场中的竞争力。

第四节　不要让你的拖延毁了企业

现代企业都追求高效率、高质量，对于员工的执行力也有着更高的要求。作为企业成员之一，每一个员工的工作效率都影响整个企业的发展。但是往往在企业发展过程中，很多员工虽然对待工作既认真又负责，但是手头上还是积压着大量的工作，自己的时间似乎永远不够用，归根结底，还是没有效率，简单来说，就是"拖延"，不仅耽误了自己的时间，无法完成工作，还影响了整个企业的发展进度。

工作效率问题已经成为职场上每一个员工都应该加以重视的问题。那些长时间工作之后却没有任何工作效率，或者干脆拖拖拉拉不工作的员工，最终不是自己被企业淘汰，就是企业被市场淘汰。要想更好地促进企业的发展，员工必须按时保质保量地完成工作，这也就对员工自我执行力提出了更高的要求。因此，提供工作效率、进行有效的时间管理就成为防止员工拖延、提高员工自我执行力的重要因素。

欧洲最大的开发性金融机构之一——德国发展银行，曾经因为"雷曼兄弟公司"的破产事件被誉为"德国最愚蠢的银行"。原因就是他们在雷曼兄弟公司申请破产保护十分钟以后，德国发展银行居然按照外汇掉期协议的交易，通过计算机自动付款系统向雷曼兄弟公司即将冻结的银行账户转入了3亿欧元。最为根本的原因竟然是员工的拖延问题。下面我们来看这份报告里他们的具体谈话内容：

首席执行官乌尔里奇·施罗德：我知道今天要按照协议预先的约定转账，至于是否撤销这笔巨额交易，应该让董事会开会讨论决定。

董事长保卢斯：我们还没有得到风险评估报告，无法及时做出正确的决策。

董事会秘书史里芬：我打电话给国际业务部催要风险评估报告，可那里总是占线，我想还是隔一会儿再打。

国际业务部经理克鲁克：星期五晚上准备带全家人去听音乐会，我需要提前打电话预订门票。

国际业务部副经理伊梅尔曼：忙于其他事情，没有时间去关心雷曼兄弟公司的消息。

负责处理与雷曼兄弟公司业务的高级经理希特霍芬：我让文员上网浏览新闻，一旦有雷曼兄弟公司的消息就立即报告，现在我要去休息室喝杯咖啡了。

文员施特鲁克：10：03，我在网上看到了雷曼兄弟公司向法院申请破产保护的新闻，马上跑到希特霍芬的办公室，可是他不在，我就写了张便条放在办公桌上，他回来后会看到的。

结算部经理德尔布吕克：今天是协议规定的交易日子，我没有接到停止交易的指令，那就按照原计划转吧！

结算部自动付款系统操作员曼斯坦因：德尔布吕克让我执行转账操作，我什么也没问就做了。

信贷部经理莫德尔：我在走廊里碰到了施特鲁克，他告诉我雷曼兄弟公司的破产消息，但是我相信希特霍芬和其他职员的专业素养，一定不会犯低级错误，因此也没必要提醒他们。

公关部经理贝克：雷曼兄弟公司破产是板上钉钉的事，我想跟乌尔里奇·施罗德谈谈这件事，但上午要会见几个克罗地亚客人，等下午再找他也不迟，反正不差这几个小时。

……

10：10，德国发展银行便发生了这件天下奇闻。

可以说，能够在德国发展银行工作的员工，没有一个是愚蠢的，但是为什么会发生这件"愚蠢"的事情呢？根本原因就是员工都或多或少地患有拖延毛病，最终导致公司遭受了巨大的经济损失。由此可见，员工的拖延问题在很多时候能够毁了一家公司。那么，如何改变拖延的坏习惯，员工可以参考以下几点：

1. 培养自我工作统筹的能力

员工拖延的根本原因就是对于工作没有确切的发展方向，也没有先后顺序，要想将事情按时地做好，必须制订一个计划，将事情按照优先等级进行排序，将那些没有必要又影响自己工作的事情延后或取消，以免分散自己的注意力。当然，在工作中，员工还要明确自己的职责范围，避免将时间和精力浪费在那些毫无意义的事情上，还要学会劳逸结合，才能产生更高的效率。但是这并不意味着员工就可以将工作时间浪费在各种娱乐活动中，比如，浏览与工作无关的各种网站、聊天、看视频等。

2. 学会运用有效的工具和方法来执行任务

在工作中，每个员工的工作时间都是非常宝贵的。员工要想高效地利用时间，提高工作效率就必须在最短的时间内完成更多的事情，而不是拖拖拉拉，本来一个小时可以完成的事情，偏偏用多出一倍的时间来完成。为了避免工作的拖延，员工可以提前规划好执行任务所使用的工具和方法，比如，电子邮件、根据不同分类整理好所需文件等，从众多方式中选出所用时间最短、效率最高的一种方式。只有这样，才能避免时间被分割和浪费。

3. 设置长期目标和短期目标

目标是员工执行力的关键。对于多数有拖延症的员工来说，他们最大的问题就是在工作中得过且过，能拖就拖，没有目标。要想真正改善这一现象，就必须在工作中，为自己设置一个长期的和短期的工作目标，这样在执行时，目标更加明确，而不是无所事事、懒散地去完成工作，一旦工作进度耽误下来，严重的可能会影响企业发展，产生不可估量的损失。

4. 培养自己"想要做"的心理

"想要做"的心理暗示作用要高于"必须做"。在工作中，尤其是当今社会的工作环境下，员工都有强烈的自我意识，有时候，领导让员工必须做的事情反而会激发他的抵触心理，不想快速地完成。这时候，员工就需要对自己进行强烈的心理暗示，告诉自己，"我很想要"做这件事情，而不是听从于领导的命令，必须去执行。只有不断提高自己的思想认知，才能在未来的工作中，克服拖延的毛病，促进企业的发展。

一个员工要想得到更好的发展，就必须将自己的利益和公司的发展相挂钩，而不是整天想着如何逃避工作，享清闲。企业是一个以经济利益为目的的营利性机构，而不是一个慈善机构，如果每个员工在工作的时候都有拖延的毛病，并在实际行动中懒散、不积极，那么企业最终将面临倒闭的危险。因此，培养自我执行力，提高工作效率，合理进行时间的管理和规划，成为每一个员工工作的重中之重，也是提升企业发展前景的核心内容。

第二章
执行力常见误区

每一个企业都想拥有具备高效执行力的员工，每一个员工也都想成为这样的人。所以，提高执行力已经成为每个员工的训练重点。但是，很多企业的员工都会在提升自我执行力的训练中陷入一些误区，比如，自我定位错误、抓不住重点、自命清高、盲目乐观等，从而无法真正提升自我执行力，影响企业的发展。因此，员工只有走出执行力的常见误区，才能练就卓越的自我执行力。

第一节　心态误区：自命清高，盲目乐观

对于员工来说，心态是成就高效执行力的一个关键因素。每一个员工都想成为具有高效执行力的人，但是在训练过程中却容易陷入自命清高、盲目乐观、追求速效的误区。其实，乐观并没有错，追求速度也没有错，但是对未知的结果充满强烈的、盲目的自信和乐观，一味地追求速度，以至于忽略了问题的存在，不重视结果，这对员工提高执行力是大忌。

当然，这种心态误区在很多时候，都是由于员工对自我估计和评价过高、没有对工作进行全面分析和研究，更不会制定工作目标、有着急功近利的思想而形成的。其实，对于很多员工来说，尤其是年轻员工来说，由于生活和工作的阅历相对较少，很容易产生一种盲目乐观的心态，将事情想得很简单，最终陷入执行的心态误区，得不偿失。

周强是名牌大学计算机专业的大学生，实习期内，他就进入一家规模很大、在所在地区很有名气的计算机硬件公司，这家公司在该地区也占有稳定的市场份额。其实，周强理论上的专业知识虽然很精通，但实践方面

的知识却不是掌握得很好，毕竟在校期间，实践的机会不多，而且周强也很少利用业余时间在公司实习。但是，周强的这份实习工作和当时其他同学的实习工作相比，有着骄傲和炫耀的资本，这让周强产生了一种莫名的优越感，感觉自己能力很强，远远超过其他人。因此，在工作中，他经常感觉这些任务很简单，当然，他的确非常漂亮地完成了几项任务，得到了领导的赏识。就这样，周强破格进入了一项重要技术的研究中。进入这个研究团体之后，组长交给周强一项相对来说较为简单的数据分析工作，但是周强却无法完成，更别说在这个任务中占据重要的位置了，最终因为自身能力不够再加上经验不足，导致执行力下降，周强被迫退出了此次研究项目，失去一次宝贵的学习和晋升机会。

案例中，周强盲目乐观的心态、清高的想法使得他最终失败了。要知道，山外有山，知识的学习是永无止境的，掌握专业知识和技能并不等于在所有领域都能手到擒来，坐井观天、盲目乐观最终只能使自己走入心态误区。在如今这个快节奏的社会，的确很容易让人产生紧迫感，也容易造成员工心态的不稳定。这就需要员工对自己提出更高的要求，要从"致命"的心态误区中走出来，真正认清执行力的本质，从根本上提升自身能力，做一个具备高效执行力的员工。因此，员工要想成为这样的人，就需要参考以下几点：

1. 低调而客观地自我剖析

低调而客观地对自己进行剖析，对提高自我执行力有莫大的好处。

因为，只有对自己有一个清晰的认识，才能在工作中，避免出现自我评估失误、盲目乐观的问题，扬长避短地高效工作。所以，要想对自己进行深度剖析，就必须从他人和自身两方面入手，可以邀请别人对自己进行评估，或者自己对自己进行评估，尤其需要对自己的工作能力和性格进行深层次剖析。

当然，对自己进行深度剖析之前，员工必须有一种稳定而又平和的心态，面对别人的批评和建议的时候，兼容并蓄，只有从中认识到自己的优点和劣势，才能避免陷入心态误区，更加高效地提高工作中的自我执行力。员工可以从工作方式、工作能力、个人兴趣和爱好、表达能力等方面全方位而又深入地对自己进行评估，正确认识自我，提升自我，以更加正确的心态来工作，高效地完成任务。

2. 脚踏实地地制订合理而又科学的计划

员工在工作过程中，要摒弃盲目乐观的态度，要脚踏实地地制订合理而又科学的工作计划，使得任务有更强的可实施性和可度量性。制订计划的过程就是将任务进行一次详细的分析和解剖的过程，有助于员工最大限度地了解任务中的难点和重点，了解完成任务的实现条件、时间以及最终想要达到的预期效果。只有这样，才能让任务的实施更加一目了然，改变心态，避免陷入执行误区，员工才能不断提高自我执行力。

3. 培养自己沉着冷静应对紧急情况的能力

作为一名企业员工，要想更好地避免心态误区，就必须具有冷静的头脑，能够最大限度地避免意外的发生，保证工作顺利进行。盲目地执行还不如不执行。很多时候，员工不可避免地会遇到一些紧急情况，这就需要员工能够在关键时刻选择合适的办法来快速地应对。因此，只有沉着冷静地将工作的重点和难点分析到位，并制订一个详细的计划，才能在执行中节省时间，达到事半功倍的效果。

肖涵是一所名牌大学的优秀毕业生，毕业之后，进入一家小型企业任经理助理一职。由于同事们基本都是名不经传的二流学校毕业的，使得肖涵在工作中产生了一种莫名的优越感，感觉自己比别人能力更强，这造就了肖涵不可一世的工作态度。有一次，公司的下属部门说下面的工厂出现了闹事人员，好像是产品的质量问题。但是这时候经理正在召开一个重要的视频会议，关于如何打开公司的市场，以及与上市企业合作的问题。经理在开会之前交代不要去打扰他。但是，现在情况紧急，于是，肖涵就推开门进入会议室，却不料经理正和对方谈到关键之处，一下子被推门声打扰，视频会议此时不得不中断。经理问他有什么事？肖涵赶紧说明情况，然后经理让他关门出去了。之后不久，肖涵就被经理以莫须有的理由辞退了。

案例中，肖涵在面对两项工作的时候，没有分清主次，没有冷静地进行分析，而是鲁莽地进入会议室打扰了经理的视频会议，并没有执行经理会前交代的命令，从而给公司带来了不可估计的损失，自己也失去了宝贵的工作机会，在企业发展中，只有坚决地执行上司的命令，冷静地分析事情的轻重缓急，才能最大限度地避免陷入心态误区。因此，员工在平时应加强应急能力的训练以便更好地完成任务，提升执行力。毕竟，每一项工作中都可能发生意外情况，员工如何沉着冷静、快速高效地处理关系到企业的长远发展。

自命清高、盲目乐观的员工总认为一切事情的发展都掌握在自己手中，自认为什么任务都能完成，什么样的状况都能够应付。这往往是员工无法高效执行的关键。因此，只有做到以上三个方面，改变在执行中的心态误区，才能进一步提升自我执行力，更好地完成工作。

第二节　能力误区：不求上进，安于现状

员工如果在工作中不求上进、安于现状，那么必定缺乏高效的执行力。其实，在日常生活和工作中，很多人都对自己目前所拥有的条件很满足，对自己付出的努力感到很满意，从而陷入不求上进、安于现状的误区中，导致本应该完成得更出色的任务却无法完成。

作为一名员工，当工作分配下来的时候，首先要做的就是想好如何将任务执行彻底。但是，无论工作计划多么完善，在执行过程中都会遇

到很多问题。而对于工作没有更高的追求、安于现状是导致工作无法更好完成的主要原因，也就是说，不求上进、不思进取会使自己的能力无法提升，执行力下降，进而影响工作进度。这是员工执行中的一大能力误区。

乔治是某集团的一名销售人员，自从到公司之后，就一直非常努力，并且取得了突出的成绩。老板非常赏识他，他也成为老板眼前的"红人"。不久之后，乔治就被老板提拔为销售部的经理，工资一下子翻了两倍，还有了自己的专车。刚当上经理的时候，乔治还是一如既往地努力，每一件事情都做得非常用心，还力求尽善尽美。但是，不久之后，越来越多的人对乔治说："你怎么那么傻啊？你现在已经成为经理了，不用再像以前那样拼了，做好管理工作就行，老板也不会检查的。"听到别人说他"傻"之后，乔治开始变"聪明"了。他想，反正自己也没有多大的追求，销售部经理也挺好的，就这样一直维持现状也不错。于是他开始将工作全部交给下属，有些任务能够应付就应付，不再像以前那样认真地过问每一项工作，开始了每天准时上下班，专车接送的生活。生活过得越发滋润。但是，在不久之后的一次岗位竞选中，乔治因为团队工作任务严重不达标受到降职的处分，再次成为一名底层的销售人员。乔治接受不了这种工作职位升降落差，最终选择了辞职。

案例中，乔治其实并不是一个能力不足的人，但是却偏偏在新的工作环境中忘记进行自我能力的提升，最终使得执行力也大幅降低，落得辞职的结果。其实，每当领导分配工作的时候，必然对工作内容和质量提出了新的要求，也就对员工的工作能力提出了新的要求。换句话说，那些安于现状、不思进取的员工是无法在这个竞争激烈的市场中生存的。企业要想变得强大，就必须将所有工作执行到位，这就取决于员工的执行能力。那么，如何避免员工执行中的能力误区呢？大家可以参考以下几个方面：

1. 增强忧患意识：时刻保持"优胜劣汰"的思想

忧患意识又称危机意识。在企业发展中，忧患意识可以督促员工努力充实和学习最新指示，提升自身的工作能力，更加高效地完成任务。大自然的法则就是："物竞天择，适者生存"，在企业中也不例外。"不求有功，但求无过"的思想早已不适合当今企业的发展。员工只有在工作中，不断增强自己的忧患意识，具有"优胜劣汰"的竞争思想，才能在企业的发展中，不断提高个人能力，避免安于现状、不思进取情况的发生，更加高效地完成工作任务。

2. 学会主动沟通：善于借助团队力量解决问题

很多员工之所以会出现安于现状、不思进取的情况，就是因为自我封闭太久，能力没有得以提升。要想将工作任务执行到位，就要学会主动沟通，善于借助整个团队的力量来解决问题，而不是满足于自己当前的成绩，不敢挑战新的高度。在企业发展中，一个能力不足的员工好似企业竞争的一个薄弱环节，无论其他环节衔接得多好，这个环节出现问题，终究会影响整个企业的发展。因此，员工只有学会沟通，善于借助团队的力量来解决问题，才能在不断提升个人能力的同时更好地执行工作任务。

3. 加深责任意识：有责任才能更好地执行

责任心不强的员工在执行工作任务时就缺乏主动，总是拈轻怕重，敷衍推责，缺乏勇挑重担的勇气和精神，当然，也是员工能力不够的一种表现形式。有责任感的员工对待工作必定尽职尽责，他能够在平时的工作中学到更多的知识，积累更多的经验，在工作中提高自己的执行力。而那些安于现状、不思进取的员工必然在平时的工作中缺乏承担责任的勇气和毅力。因此，员工要不断加深责任意识，更加高效地完成工作任务。

4. 意识到制度的重要性：奖惩制度深入心里

企业完善的晋降和奖惩制度能够更好地督促员工提高个人能力，而不是在工作中满足现状，缺乏追求。能力的缺失是导致员工不能高效工作的关键，而制度的存在可以进行相应的约束。因此，员工要不断加深自己对于制度的认识性，让奖惩和晋降制度深入心理，才能在工作的时候更有动力，避免出现不思进取、安于现状的思想和行为。要知道，在激烈的市场竞争中，不进则退。

5. 保持一颗积极进取的心：不断提升个人能力

员工要想不断提升个人能力，就必须有一颗积极进取、不断学习的心，只有提升个人能力，才能更好地执行工作。保持一颗积极进取的心，能够避免陷入安于现状、不思进取的误区中，从而更好地了解市场行情，意识到自己所处的环境，更加努力地充实自己，不断学习。

以上是如何避免能力误区的五个方面。员工在执行中，只有不断提升个人能力，才能更好地执行工作任务，并且避免陷入不思进取、安于现状的误区中。员工的工作效率直接关系到企业的发展。员工要想更好地在企业发展下去，就必须拥有不断进取的心，在提高个人能力的同时，实现自我价值，并且促进企业更好地发展和进步。而陷入能力误区的员工最终会被企业抛弃。

第三节 执行误区：单打独斗，埋头苦干

个人的力量是有限的，而团队的力量是无穷的。每一个员工都是企业中的一员，都在为企业的发展做出自己的贡献。但是，往往有很多员工却忽视团队的作用和重要性，在工作中，认为凭借自己一个人的力量就可以完成任务，这样单打独斗、埋头苦干，最终的结果就是不能按时、按量完成工作任务。因此，员工要想提高执行力，必须避免陷入执行误区中。

在现代企业发展中，员工仅仅依靠个人力量完成所有事情是不可能

的，也是极其没有效率的。一根筷子容易弯，但是十根筷子折不断，这是一个很简单的道理，也是员工在工作中应该谨记的。依靠个人的力量来完成工作，总会有这样或者那样的不足，只有组成一个团队，才能高效而完美地完成任务。所以，要想实现企业的发展目标，员工必须具有高效执行力，并借助团队的力量，创造更高的价值。

一家上市公司准备招聘4名员工，初试和复试之后，只有16个人进入了最后的面试环节，这一轮由经理亲自面试。经理让16名面试者进行一个广告策划案的设计，并且让助理将资料发放到他们手中，说道："无论你们是采用多人合作的方式，还是个人完成的方式，只要根据现有的材料在规定的时间内（1个小时）完成一份策划方案即可。但是，选择组成小组的人必须比规定时间提前半个小时完成方案。"10分钟后，大部分面试者选择了自己完成，只有4个人选择了组成一个小组来共同完成。半小时后，小组完成了方案。1小时后，助理将所有策划方案收回，选择独自进行策划方案设计的一部分人因为时间关系没有完成任务，而选择组成小组的人因为必须合作的关系，用最快的时间完成了任务，并且内容更加全面。所以，经理最终录用了这四个人，并且说道："具有团队精神的人才是公司最想拥有的。"

在执行工作任务过程中，我们不得不承认，组成团队是快速完成任务的最好方式，也是每个员工更好发展的有力支持。就好像案例中这个设计策划方案一样，面对激烈的竞争，可能很多人都把对方当成假想的对手，无法相信对方的实力，但是，要知道能够进入最后面试环节的人，能力不会太差。执行误区让他们认为自己单打独斗、埋头苦干也可以完成任务，从而忽略了团队的力量，最终面临淘汰的结局。因此，员工要谨记：对于任何一家公司来说，都希望自己的团队在第一时间拿出最为全面的方案，而不是需要再次修改的个人片面的方案。

良好的团队合作有利于每个成员自我能力的提升和进步。但是，团队合作对于员工的执行来说不能仅仅停留在表面上，要落实到具体而繁杂的工作中。那么，员工如何更好地避免执行误区，不再单打独斗、埋头苦干呢？也就是说，员工要想具有高效的团队合作意识，需要做到以下几点：

1. 眼光独到：善于发现别人的长处

俗话说："单丝不成线，独木不成林。"员工只有将自己融入团队中，才能最大限度地实现个人价值。而要想让自己快速地融入团队中，前提就是对团队有高度的认同感，能够发现他人的常处，欣赏他人的优点。如果只看到别人的缺点和劣势，就会导致团队成员之间的矛盾，从而破坏整个团队的和谐，影响团队成员之间的合作。所以，员工要想提高执行力，必须具有团队合作精神，能够用欣赏的态度对待团队中的每个成员，才能更好地融入团队中，避免出现单打独斗、埋头苦干的现象。

2. 定位准确：认准自己在团队中的位置

法国思想家蒙田曾经说过："要有所行动，然后认识自己。"在团队中，也是如此。一个好的团队就如同一架设计精密的机器，每个成员都应该有自己特定的工作和职责，只有自我定位准确，认清楚自己的位置，明白自己的任务，才能提高执行力。一个人只有认清自己在团队中的位置，才会有更多的归属感，从而让自己的发展和团队的运作紧密结合起来，保持工作的热情，提高个人和团队的执行力。因此，员工能够认准自己在团队中的位置，有助于在工作中逐渐培养和提升自我执行力。

3.加强沟通：多与团队成员交流

很多员工陷入执行的误区，出现单打独斗、埋头苦干的情况，这是由于陷入员工和团队成员的沟通不良引起的。员工要想提高自己的团队合作精神，避免陷入执行误区，就必须善于沟通交流，通过不断的沟通和交流才能在团队中达成一致的观点，最终结合集体的力量，提高工作效率。对于上司分配的任务，整个团队成员只有充分沟通，才能集思广益，避免时间的浪费，更加全面而高效地完成任务。

4.增强责任感：加深对团队使命的认同感

员工要想提高执行力，就必须重视团队的力量，增强自己对团队的责任感，加深对团队使命的认同感。对于每一个员工来说，只有认同自己的团队，才能借助团队的力量，主动地执行。如果无法认同团队使命，不管有怎样丰厚的奖惩，都无法激发自己的工作热情，更不会对团队产生一种向心力和凝聚力，更加高效地执行。因此，增强对团队的责任感和对团队使命的认同感，能够更好地避免陷入执行误区，融入团队合作中。

5. 营造相互信任的组织氛围

良好的团队合作和氛围对于每个员工的执行都起着较强的激励和约束作用。在工作中，只有营造出相互信任的组织氛围，员工才能产生对团队使命感的认同，认清自己的位置，发自内心地工作，融入集体中，最大限度地实现个人价值。所以，在执行之中，员工要想取得成功，不能只靠自己，要融入集体中，营造相互信任的组织氛围，通过团队成员的共同努力，产生积极协同的作用，使得团队产生高效率的同时，个人的执行力也得到锻炼和提高，避免陷入执行误区中。

员工要想避免陷入执行误区中，就必须做到以上几点。只有拥有团队意识的员工才能在工作中高效提升自我执行力，同时，员工所在的团队也会有更强的执行力。团队合作对于每一个员工来说，都有着重要的意义。员工要执行，就必须重视团队的力量，单打独斗，埋头苦干会导致工作效率低下，同时浪费自己的时间。因此，避免执行误区，能够让员工的工作更加高效。

第四节　主次误区：处处重点，不分主次

在执行任务过程中，不可避免地会出现一些问题，而这个时候，就

需要员工能够抓住主要矛盾和重点，只有这样，才能快速地完成任务。但是，在现实生活中，很多人却不能很好地看待这件事，经常出现事情越办越多、越来越糟的情况。究其原因，就是很多时候员工会陷入主次误区中，会把每件事情都当作自己工作的重点，最终导致处处是重点，却又没有重点的情况发生，进而在有限的时间内不能高效而完美地完成工作任务。

员工的工作时间是相对固定的，要想将工作更好更快地完成，就必须分清楚主次，避免处处是重点的情况出现。当然，这种主次误区的出现很大一部分原因就是员工分不清事情的轻重缓急、不会合理地安排时间，再加上性格比较执拗、做事比较死板，所以陷入主次误区中，无法抓住主要矛盾来解决问题，更别说提高工作效率和执行力了。因此，避免出现主次误区，成为提高员工执行力的重点。

周慧是一家科技公司的秘书，在 x 年 9 九月中旬，经理针对 10 月的工作安排召开了一个专门的会议，要求在 10 月必须将以下事情落实，周慧的登记记录如下：

10 月的休假安排以及经理的度假安排；

9 月 20 日举办的产品发布会，要邀请广发媒体参加，并筛选入场观众；

熟悉视频会议的操作；

确定下一个季度重要会议的日程安排；

了解数据库管理软件的情况，并且以报告的形式交给经理；

经理会议室的盆景更换以及空气清新器的更换；

21日全体职工大会的一小时重要讲话的演讲稿；

……

通过对这份工作任务进行等级划分，周慧在第一时间就确定了自己要做的事情。首先"2"事情必须马上进行，更要抓紧时间；其次，就是关于9月20日的产品发布会和10月的休假安排，这是很重要，但是又不是特别紧急的事情；然后就是"3""4""5"这几件事情的进行；最后"6"这样的事情可以放到最后去做。这样的安排使得周慧的日常工作更加井然有序，处理问题的效率也大幅提高，个人执行力也就变得更加高效。

案例中，周慧之所以能够在众多事情中以最快最好的方式来完成，就是因为周慧严格遵循了四象限工作法则，能够在第一时间确定事情的重点和难点，抓住重点，通过事情的划分更加高效而有序地执行，这样使员工避免陷入主次误区中。那么，如何在执行之中避免出现处处是重点，不分主次的情况呢？大家可以参考四象限工作法则：

第一象限：重要又紧急的事情马上去做

在日常工作中，我们经常会遇到一些紧急的事情，比如，难缠的客户、准时完成任务、年终测评等，这类事情就是执行之中的重中之重。当出现了既重要又紧急的事情考验员工的经验、判断力和解决能力，同时还需要员工马上去做，员工需要分清楚主次，使得任务更好地完成。因此，员工要想避开主次误区，就必须在既重要又紧急的事情出现的第一时间就去解决，马上做好。只有这样，才能收获一个好的工作结果。

第二象限：重要但不紧急的事情需要重点关注去执行

其实严格来说，很多第一象限的事情是由于员工对第二象限事情的荒废，造成了第一象限的事情日益增多。因此，员工要想避免出现主次误区的失误，就必须对这一象限的事情加以重视。比如，长期的规划、与客户的交流和沟通、问题的发掘和预防、向上级提出处理问题的更好建议都需要重点关注，不要让它们变成了既重要又紧急的事情才不得不去执行。

对于第二象限的事情，员工应该投入80%的工作精力去争取把事情做到位，并且解决问题，最大限度地预防和降低"紧急事情"出现的数量。因为，一旦时间紧，就很容易出现问题，影响工作质量，且会给自己带来过分忙碌的工作，导致处处是重点情况的出现。所以，员工应该重点关注第二象限的事情，将每一件事做好，提高自己的执行力。

第三象限：紧急但不重要的事情尽量少做

在日常工作中，我们不可避免地会因为突然出现的私人事情而影响工作，比如，父母朋友的电话、亲友之间的聚会、远方朋友的突然造访等，都可能给我们一种"这件事请既紧急又重要"的错觉。但是，实际上，这些事情根本就不紧急，也不是说特别重要，完全可以在下班或者周六日的休息时间去做，而不是把上班时间的精力浪费在这上面。因此，员工应该尽量少在此类事情上浪费时间，以便为自己争取更多的时间做更重要的事情。

第四象限：不紧急不重要的事情尽量不要执行

在工作中，可能很多员工经常被上网聊天、观看各类无实际意义的电视节目、同事之间的闲聊等事情耽误自己的工作时间。只有那些生活乏味无趣、空虚无聊的人才会经常关注这些事情，偶尔的娱乐并非不可，但是纠缠在此处，就是在浪费自己的工作时间，甚至降低自己的工作效率。毕竟真正有创造意义的休闲活动才是最有价值的。

建立正确的主次顺序是让工作执行起来更加有序、高质量、高效完成的前提条件，而四象限工作法则是员工避免出现主次误区的重要标准。在如今这个竞争激烈的时代，谁能够高效地利用时间，避免出现处处是重点、不分主次的情况，就能有条不紊地开展工作，提升自身的执行力，促进企业的发展。

第五节　方法误区：虎头蛇尾，差不多即可

胡适先生的《差不多先生传》被无数人熟悉，也曾引发无数人的深思。现代企业中的员工在执行工作任务的时候，总是不可避免地出现这样一种心态："差不多就行了"，做起事情来没有最佳的办法，最终导致工作任务不能顺利地完成，给上司或者同事留下一种有始无终或者虎头

蛇尾的印象。因此，员工在完成工作的时候，必须避免陷入虎头蛇尾，差不多即可的方法误区。

每一项工作在执行过程中，都不可避免地要面对很多困难，这就需要员工思考解决的办法，但是，很多员工却为了能够快速地完成任务，抱着差不多就行的态度来解决问题，不仅影响了执行效率，还影响了工作质量，严重的会导致不可挽回的经济损失。商场如战场，一点点差距就可能使得自己屈居人后。所以，员工需要选择最佳的方法来解决问题，更好地锻炼自己的执行力。

李欣是一家公司的人事专员，在公司中主要负责企业的打印、招聘、入职、离职等日常事情。年底，人事经理让李欣负责撰写一份最新的企业年度入职和离职人数的分析报告，并且打印出来，自己要在年终总结大会上关于今年最新入离职消息作报告。于是，李欣开始搜集今年关于员工入离职的情况。但是，由于李欣是今年新入职的职工，是在5月的时候接受人事专员这份工作的，今年前5个月的准确员工入离职数据自己没有，并且和自己交接的前人事专员已经没有任何联系了。李欣不想再大费周章地去问别人了，于是根据自己手上的数据推断一下前5个月的入离职情况做成报告，然后交给了人事经理。由于事情繁多，人事经理在李欣交上报告之后没有仔细看，决定到年终总结大会上直接用。但是，没有想到的是在年终总结大会上，总经理对于人事经理的这份报告提出了严重的质疑，并且说道："今年公司的上半年根本没有如此多人离职，相反很多人都是在年初入职的，这个数据严重不准确。"并且批评他工作态度不严谨。不久之后，李欣也以莫须有的理由被人事经理辞退了。

案例中，正是由于李欣这种差不多的工作态度使得她的报告中数据不准确被总经理发现，最终丢掉了工作。员工做事虎头蛇尾、总感觉"已经差不多了"的工作态度最终不仅对自己无益，严重的还会损害公司的利益，影响公司的发展。因此，员工要想拥有高效的执行力，就必须避免陷入方法误区中，摈弃虎头蛇尾，感觉什么都差不多的心理。而员工要想避免这种方法误区，就必须做到以下几点：

1. 目标分解：设置工作中的小目标

当工作目标过大的时候，员工就会产生抵触、畏惧的情绪，很容易让自己变得消极，执行力低下。这个时候就需要员工将自己的工作目标进行分解，从而实现每一个小目标。员工的执行需要正确的方法，而将目标进行分解，为实现小的目标进行分解就是执行的需要。因此，只有真正将目标进行分解，才能更好地在执行工作任务的时候更加有激情。毕竟，相对于大目标来说，小目标的实现更为简单，也更能给人带来希望。

2. 榜样力量：学会与狼共舞

俗话说："近朱者赤，近墨者黑"，员工经常和工作充满激情、执行力较强的人在一起自然而然会受到他们的感染。要想改变自己"虎头蛇尾、差不多就行"的工作态度，就需要找到执行力超强的人作为榜样，和他们一起工作，体会全身心地投入做一件事情的感觉，从而一步步提升自我执行力。

3. 发现兴趣：让自己真正爱上工作

对工作没有产生浓厚的兴趣，是员工陷入方法误区的一个关键。很多员工仅仅为了工作而工作，这样导致自己对工作的执行会产生抵触情绪，做起事情来就没有力求完美的心态。这个时候，就需要员工在工作中寻找乐趣，发现兴趣，将这份工作当作自己喜欢的事情来完成。只有这有，才能更加认真地、仔细地、高效地执行工作任务。

4. 记录时间：为自己设置一个"闹钟"

员工在执行工作任务中，要想认识到事情的重要性，从而更好地去执行，就需要设置一个执行的"闹钟"。记录时间能够让自己认识事情的紧迫性，清楚哪件事比较重要，并且了解应该先做什么事情。最为关键的是，员工在执行过程中，发现自己已经为这个工作付出这么多，就会不自觉地重视起来，自然就会避免陷入方法误区。

5. 居安思危：培养危机意识

员工的执行力是决定公司能否更好发展的关键。员工如果在执行之中马马虎虎、虎头蛇尾，感觉工作做得差不多就行了，迟早会被公司所淘汰。因为企业是以盈利为目的，不能为公司创造效益、做出贡献的员工是没有存在意义的。因此，员工要树立居安思危的意识，认识到自己在企业中的责任，能够更加认真而又快速地完成工作任务，避免陷入方法误区。

以上就是员工在执行过程中避免出现虎头蛇尾，差不多就行的工作方法。员工的执行力是实现个人价值的关键，也是企业更好发展的关键。员工必须在执行中避免陷入方法误区，将工作执行得更好，才能成为卓越的员工，用超强的自我执行力为企业的发展做出应有的贡献。

第六节　细节误区：眉毛胡子一把抓，忽视细节

麦当劳总裁弗雷德·特纳曾经说过："我们的成功表明，我们的竞争者就是因为他们缺乏对细节的深层关注。"由此可以看出，细节对于企业的竞争起着至关重要的作用，对于员工执行力来说更是如此。具有高效执行力的员工一定不能眉毛胡子一把抓，忽视细节。要想拥有高效的执行力必须分清楚事情的轻重缓急，能够精益求精地去执行，才能在执行过程中避免陷入细节误区。

在工作中，想要做出大成绩的员工很多，但是能够将事情做好、把事情做细的员工却很少。细节决定成败，做事情要分清轻重缓急，才能够达到最佳的执行效果。而那些在小事情上落实不到位、凡事都"差不多"、只依靠经验来办事、做事情不分主次和轻重缓急的员工必然会陷入细节误区，缺乏高效的执行力。

说到注重细节，我们不得不提到上海一号线和二号线的设计。上海地铁一号线是由德国人设计完工的，而二号线是由中国的设计师来设计的。一开始大家没有感觉出来，一号线有什么特别的优势，但是当二号线投入运营的时候，才发现有许多细节问题中国的设计师都忽略了，以至于二号线的运营成本远远高于一号线。那么，两者之间到底在细节上存在哪些差别呢？

站台门的设计：当时一号线为了避免乘客免于掉下站台，节省站台的热量，设计了相应的站台门，车来打开，车走关上。而二号线在当时并没有这样的设计。

三级台阶的作用：由于上海处于南方地区，洪涝灾害比较严重。一号线当时考虑到上海的地理位置，在每一个室外出口都设计了三级台阶，要进入地铁口，必须踏上三个台阶。这三个台阶的设计使得一号线在下雨天可以有效阻挡雨水倒灌，减轻地铁的防洪压力。而地铁二号线就因为缺少这几级台阶，曾在大雨天被淹，造成了巨大的经济损失。

站台宽度的设置：一号线的站台设计的机器宽阔，上下车都很方便。对于上海这种大都市来说，站台的宽度必须考虑当地的人流量。而二号线就忽略了这一点，站台宽度设置得较为狭窄，使得上下班的高峰期，拥挤得让人难受。

难道中国人比较笨、德国人比较聪明吗？答案当然是否定的。最主要的原因还是中国设计师忽略了细节，缺少对"精益求精"的执着。而德国设计师凭借长期养成的对待工作认真和精细的执行力，能够使执行避免陷入细节误区。对于执行来说，细节取胜，主要矛盾和重点取胜。只要能够分清楚事情的轻重缓急，抓住细节，就能拥有更加高效的执行力。员工要想走出细节误区，通过重视工作细节来提高自我执行力，就需要从以下几点入手：

1. 重视细节：从点滴小事做起

在工作执行过程中，很多员工都会选择性地忽略一些小事。凡事都要从小事做起，有时候一点点无关紧要的小事却可能影响整个工作的进行。在工作执行之中无小事，只有重要与不重要之分。不管身处工作中的哪一个职位，从事哪一项工作，都需要将自己的工作做好，并且坚决摒弃不良的生活细节，切勿影响工作的执行。毕竟在工作时间的生活细节和个人的发展有着密切的关系。

2. 全面考虑：执行之前认真分析任务

在每一项任务执行之前，对任务的各方面进行详细的分析，能够帮助自己在执行过程中不忽略每一个细节，更加认真、仔细地对待。员工要真正重视执行中的每一件事情，学会全面地、分析、思考，发挥一切潜力和实力将它们做好，才能避免陷入细节误区，达到最佳的执行效果。

3. 善于总结经验：重视事后总结

在执行过程中，不可避免地会出现一些问题。这时，就需要员工学会及时调整，抽出时间对前面的执行步骤进行总结，千万不可因为时间紧急而忽略这个步骤，以免造成更大的失误。我用一点点时间进行深入思考和一次及时到位的总结能够对自我执行力的提高起重要的作用，也能够抓住更多执行中的细节问题。因此，每一个员工都要善于总结执行经验，重视事后总结。

在执行之中，要想避免陷入细节误区，员工必须做到以上几点。只有这样，才能在执行中更加高效地完成任务，也能防止出现眉毛胡子一把抓、忽略细节的情况。在这个细节取胜的时代，每一个员工必须注重工作细节，精益求精。毕竟细节之中往往蕴藏着巨大的机会，是高效执行力员工所必备的素质。

下篇
用好"九力",彻底引爆执行力

第三章
执行标准设定力：规范自我执行标准

执行到位的人才是现如今企业管理者最需要的员工。在工作中，最为关键的就是员工要有规范自我的执行标准，能够真正将上级分配的工作任务不折不扣地执行到底。要想执行到位，就要充分理解上司的意思，进一步思考工作执行的意义所在，要对工作认真负责，不找借口，为工作设定一定的执行标准，并以此来规范自己，只有这样才能高效完成工作任务。因此，要想成为卓越员工就必须培养超强的自我执行力，而规范自我执行标准就是关键的第一步。

第一节　执行不到位一切等于零

"工作的执行"与"工作的执行到位"有很大的不同。所谓执行工作任务，就是将上司的意思付诸实际工作的过程；而将工作执行到位，就是恰到好处地使工作目标得以实现，并且极其符合上司的要求，对公司的发展具有一定的积极作用。能将工作执行到位的员工自然是每个企业的管理者都想要的员工。但是，实际情况却并不是这样，在企业发展中，往往会出现执行不到位的情况。要知道，很多时候执行不到位一切等于零。

作为一名员工，对执行的任务没有理解，对预期的目标没有把握，就可能导致执行不到位现象的出现。没有迅速地执行到位，也就没有将工作完成并获得最佳结果。要知道，有了想法，却没有执行和没有执行到位从某种意义上来说，结果是一样的，都无法为公司创造利润。

杨娜是一家装修公司的采购人员，由于对工作认真、仔细，勤勤恳恳，所以深得老板的喜欢，并且很快成为老板最器重的员工，可以自由决定采购权。在公司，杨娜主要负责材料购买，但是她常常觉得那些知名厂家的材料太贵,所以想要找到一个物美价廉的采购点。

有一次,经常给公司送采购原料的人告诉她:"有一家卖地板的比较便宜,质量也还可以。"正好当时老板交代她需要采购一批地板,但是老板特别强调一定要购买那些正规、有名厂家的地板,严格把控质量问题。杨娜简单地计算了一下,如果采购这家公司地板的话,粗略估计可以节省三千万,再加上其他材料,可以为公司节省不少钱,而且,她也亲自看过那些地板,和有名厂家的地板看起来相差无几。她想:"自己这是在为公司节省成本,老板应该不会怪她。"于是,就自作主张,在没有和老板沟通的情况下决定了购买这家公司的地板。

但是,在后期客户的装修之中,这批地板却出现了严重的质量问题,不仅需要重新购买地板,还导致工程无法按期完成,使得客户蒙受了巨大的经济损失,也给企业带来了名誉损失,于是,客户非常生气,写信投诉了杨娜的公司。老板得知这个情况后对杨娜非常失望,并且为了给客户一个交代,将杨娜辞退了。

案例中,杨娜虽然出于好意,想要为公司节约装修成本,但是,她却忘了老板对工作任务提出的要求,再三强调质量问题是关键。作为一个员工,除了执行之外最为重要的就是执行到位,只有这样,才能在完成自己任务的同时还得到老板的信任和赏识。因此,执行到位容不得有一丝丝的折扣,只有这样,才能发挥执行的最佳效果,否则一切努力无异于白费。而要想将工作更好地执行到位,员工必须遵从以下三点:

1. 正确理解决策，执行才能到位

决策是员工执行的方向标，也是决定执行结果的前提条件。员工只有按照既定决策执行工作任务，才能少走弯路，执行才有价值。当然，要想正确理解决策，就必须避免盲目执行，要在执行之前对任务进行透彻的理解，思考执行最终想要达到的结果，引导执行，最终让执行的过程一步到位。

2. 细节是决定执行到位的关键

"千里之行，始于足下"，要想更好地执行，就必须重视细节在执行中的关键作用。惠普创始人戴维·帕卡德曾经说过："小事成就大事，细节成就完美。"再伟大的工作也要从细节做起，要知道，一着不慎，满盘皆输。在执行任务的时候，要做到事无巨细，要把多种可能和细节全方位地考虑到，不折不扣地执行到底，这样才能提高自我执行力，成为一名优秀而卓越的员工。

3. 提升个人素质，高效执行

执行到位与否其实在很多时候都会受到执行者个人素质的影响。要想执行到位，就必须提升个人素质。而对于员工来说，除了沟通能力、时间管理能力等之外，还要学会确立执行目标、了解执行流程、学会应变进而调整自己的执行方向，而不是固执地坚持己见，在工作中不能做到集思广益，自然就无法执行到位。

不管身处什么职位，不管身处什么公司，高效的工作、执行到位都是每一个员工必须具备的能力。坚决地将执行到位贯彻到底，才能正确地达成执行结果。因此，只有使用最佳的方法以及最快的速度将任务执行到位的员工才是现如今企业最需要的员工。

第二节　力求小事也做到极致

员工自我规范的一个重要标准就是要力求将小事也做到极致。"天下难事必做于易，天下小时必作于细。"要想成为一个执行力很强的员工，对待工作中的任何小事及细节不能采取敷衍了事的应付态度，把所有的小事做到位是非常重要的。毕竟，只有将小事做到位、做到极致，才能将大事做到完美。

在职场中，对于同样的小事，不同的人会有不同的态度，也有着不同的体会和成就。对于那些不屑于做小事的人，很多时候都表现出眼高手低，认为这些小事与自己的想法有着天壤之别，于是轻视甚至敷衍地去工作，最终连小事都做不好。试想一下，假如你是公司的领导，对于那些连小事都做不好的人，你能加以重视，并且将重要的工作交给他做吗？

大家都对石油大王约翰·戴维森·洛克菲勒都有一定的了解。很多人都知道洛克菲勒是洛克菲勒财团的创始人，也是全球石油业的霸主。但是，却无人知道，洛克菲勒曾经也是一个将小事做到极致的人。

洛克菲勒在中学毕业之后决定到商界找一个有远大发展前景的职位。但是由于既没有学历也没有技术，他被分配为检查石油罐盖是否自动焊接好的工作。当时，这个工作是整个公司里既简单又枯燥无趣的工序，甚至连三岁的孩子都能做这个工作，这对于洛克菲勒寻找一份有远大发展前景的工作有着较大的悬殊。

果不其然，在工作了半个月之后，洛克菲勒找到主管申请改换其他工种，他认为每天看着焊接剂自动滴下，沿着罐盖转一圈，再看着焊接好的罐盖被传送带移走是在浪费自己的生命。但是，他的要求被驳回了。无奈的洛克菲勒又重新回到了焊接机旁边，他暗暗地告诉自己，既然换不到更好的工作，那么不如将这个不好的工作做到最好再说。

在那之后，洛克菲勒开始认真地工作，并且他观察罐盖的焊接质量，开始认真研究焊接剂的滴速和滴量。很快，他就发现，每当需要焊接好一个罐盖的时候，焊接剂要滴落39滴。但是，假如经过周密的计算，只要38滴焊接剂就可以将罐盖完全焊接好，这无疑将在未来的发展中节省巨大的成本。于是，洛克菲勒经过反复测试、实验，终于研制出了"38滴型"焊接机，使用这个焊接机每年最少可以为公司节约五万美元的开支。洛克菲勒也由此迈出了日后走向成功的第一步，直到成为世界石油大王。

案例中，洛克菲勒是石油大王，但是，同时也是一个力求将小事做到极致的人。如果没有洛克菲勒对于石油罐焊接工作的认真执行，那就没有"38滴型"焊接机的诞生，自然也就无法预测洛克菲勒什么时候能够走向成功。可以说，洛克菲勒将小事做到了极致，但是同时小事也成就了洛克菲勒。因此，员工要想规范自我执行力，高效地执行工作，就必须将小事做到极致，具体来讲，需要从以下几点入手：

1. 有高度的责任心

一份工作既然被分配到了自己这里，就是自己的工作。无论是大事或者小事，只有具有高度责任心的员工必定能够将工作当成自己的职责，从而尽心尽力地去完成，从而取得最佳效果。因此，要想将小事做到极致，员工必须具有高度的责任感，能够在任务下达的第一时间去完成，无论是大事还是小事，都能凭借自己的责任感更好地去执行。

2. 要始终专注如一

很多员工经常因为自己的工作简单，所以不投入全部精力去完成。对于这些总感觉小事不需要自己付出很多精力就可以完成，而造成小事没做好，大事又做不了的员工来说，是得不偿失的。所以，要想将工作做得完美，就需要在简单的工作中，坚持始终如一的态度，不要三心二意，否则最终的结果就是两件工作都完成不了，更别说将事情做到极致了。

3. 拥有真才实学

其实，对于整个企业的运转来说，工作是无小事的。每一件事情都可能影响企业的发展。在执行过程中，只有拥有真才实学才能将每一件事做好，使得工作执行得更加顺利。随着现代社会日新月异的发展，实力是员工证明自己价值的重要体现，也是做好任何事情的唯一保障。因此，要想将小事做好，就必须拥有真才实学，能够用自己的专业技能将小事做到更好、更到位。

4. 端正个人心态

很多员工无法将小事做好就是因为在内心深处对小事有强烈的抵触心理，轻视甚至藐视这些小事，认为这些工作无法体现自己的个人价值，因此，即使自己能做好也不想做好。这种情况下，员工要想高效地完成工作，就必须端正个人心态，不要因为是小事就轻视它，要把每一件工作都当作大事来对待，认真完成，只有这样，才能在将小事做到极致的同时实现个人价值。

5. 培育精益求精的工匠精神

在当今社会，工匠精神被大家不断地提出。要想将小事做到极致，就必须具有严谨的工作态度，能够精益求精地执行，将小事做到极致，才能将任务完成得更加完美。只有重视细节，才能用全面的眼光看待问题，才能在任务执行过程中注意到细微的差别，能够用精益求精的态度进行创新和发展，不断规范自我执行标准，提高执行力。

综上所述，将小事做到极致就是员工规范自我执行力的一个重要标准。作为一个合格的员工，不论大小事都抱着积极的态度去做，才能够真正将小事放在心里，将小事做到极致。因此，员工只有将小事做到极致，让量变引发质变，才能更好地高效而完美地执行完工作，最终达到培养自我超强执行力的目的。

第三节　坚持实事求是的原则

在执行工作任务中，坚持实事求是的原则对员工自我执行力的规范有着重要的意义。员工要想让自己的执行结果得到上司的认可，得到周围同事的信服，就必须坚持实事求是的工作原则，千万不能抱着侥幸的心理，要将问题重视起来，真正为了解决问题而去执行，而不是只做表面工程，无法从根本上解决问题。面对现实，实事求是是执行力的核心，也是员工所必须坚持的工作态度。如果想要在企业做得更好，成为一名优秀而卓越的员工，就必须具有实事求是的精神，真正将执行落到实处，符合上司的要求，才能更好地培育超强的自我执行力。

陈立和高伟是一家小型蛋糕店的蛋糕师傅，在店里不忙的时候还兼职蛋糕外送的工作。有一次，一家当地的小企业因为要举办一场小型的庆典活动，所以在店里订了各种蛋糕和糕点，需要他们送过去。陈立和高伟早起将这些糕点做完之后，准备一起给那个公司送过去。

到达公司门口的时候，陈立给公司人事经理打电话，让他们亲自出来拿这些糕点。人事经理马上就赶到了门口，在看完他们做的蛋糕之后，感觉很满意，于是问道："你们使用的是植物脂奶油还是动物脂奶油呢？"陈立回答道："当然是最纯的奶油了，是动物脂奶油，您可以放心地食用。"

人事经理笑着说："哦哦，那就好。我爱人开着一个小型的幼儿园，需要给幼儿园的孩子中午加餐，准备订购一批奶油蛋糕，既然你们使用的是纯天然的奶油，那你们以后每天给这个地址再送一百个奶油蛋糕吧。"说完把地址给了陈立。

人事经理走后，高伟对陈立说："我们店里一向用的是植物脂奶油，根本不是什么纯天然的动物脂奶油，你这样不好吧？"陈立说："没事，反正他们又吃不出来。你放心吧，想不到咱们出来一趟还谈成了一个大单子。真好，这个月奖金又要多了不少。"高伟虽然有点不认同，但还是选择了沉默。

果不其然，回去之后，老板特地嘉奖了陈立和高伟，并且发给他们一笔奖金。但是好景不长，没多久，幼儿园的孩子们就出现了积食问题，严重者还出现发烧、呕吐的情况。一检查，是因为长期吃的奶油蛋糕有问题。老板得知陈立向顾客承诺自己店里使用的都是纯天然奶油的事情经过时非常生气，因为他一向要求自己的员工必须对客户负责，但是很显然，陈立和高伟两个人欺上瞒下。没多久，陈立和高伟都被老板开除了，这个蛋糕店也因为此事没多久就关门了。

案例中，陈立和高伟在工作执行之中，没有坚持执行老板的命令，更没有坚持实事求是的工作原则，造成了严重的后果。不仅使得幼儿园的孩子受到了身体的伤害，而且自己被辞退，蛋糕店也因此倒闭了。因此，在工作执行中，员工务必坚持实事求是的工作原则，真正理解并执行上司的命令，只有这样，才能更好地得到上司的信任。在执行中要想坚持实事求是的原则，必须做到以下几点：

1. 解放思想，开拓眼界

坚持实事求是工作原则的前提就是解放思想，员工要在高效执行的同时，不断学习新知识，真正将思想从固有的传统经验和想法中解放出来，才能在不断提高执行力的过程中，更好地完成任务。眼界开拓，才能站得高、看得远，激励自己去学习更多的知识。只有学到更多的知识，才能了解得更全面，更好地坚持实事求是的原则。总而言之，只有真正将思想解放，员工才能不拘泥于固有的工作经验，更好地在新时代的要求下，坚持实事求是的原则，圆满完成任务。

2. 要用全面的、有关联的、发展的观点看待问题

工作中，员工不仅仅要执行工作任务，更多的是要将任务执行到位。而坚持实事求是的原则能够帮助员工更好地将工作执行到位，但这就对

员工的执行力提出了更高的要求，必须学会用全面的、有关联的、发展的观点来看待问题。将工作执行到位需要考虑方方面面的事情，只有进行全方位的、深入的思考，并且用有关联的眼光看待问题，用事实说话，才能锻炼自己更加高效的执行力。所以，坚持实事求是的原则就要求员工必须全面地把握各项工作之间的关联性，对所要执行的工作有一个全面而系统的认识，才能在执行过程中更好地预测工作结果，做到心中有数。

3.将理论和实际相结合

在工作过程中，很多员工都对理论知识有着超强的信服力，从而忽略了时代变化下的实际情况。要想更好地达到预期的效果，就必须将理论和实际结合起来，坚持以实际情况为基础，来思考和解决问题，只有这样，才能正确地看待和解决问题，才能在执行中更好地坚持实事求是的工作原则。因此，坚持实事求是工作原则就要员工学会一切从实际出发，坚持将理论和实际相结合，只有这样，才能更好地提高自我执行力，成为一名卓越而优秀的员工。

坚持实事求是的原则就要求员工必须做到以上几点。坚持实事求是不是要求员工不注重理论和别人的意见，而是要在以事实为基础的前提下，更好地结合实际情况来执行工作。只有这样，才能更好地规范自我执行力，圆满地完成任务。

第四节　设定执行的精度、广度、速度

一个有着高效执行力的员工，必定有一个自我行为规范。要学会用标准来规范员工的自我执行力。在互联网经济时代，员工执行力的高低在很大程度上取决于执行的精度、广度和速度。当今员工执行力考核中，员工执行的精度、广度、速度都成为员工执行的关键。精度决定了执行力的质量，决定了执行力的价值；视野的广度决定了执行力究竟能够发挥多大的作用；而速度则是员工执行快慢的重要因素，也是影响员工执行效果的关键。因此，设定执行的精度、广度、速度是执行的一个重要的自我规范方法。

员工在执行工作过程中，只有设定执行的精度、广度、速度，才能从众多员工中脱颖而出，真正将企业的发展推向新的高度。同样一项工作，但是执行力不同的人去做，就会用不同的时间、速度来完成任务，也会达到不一样的效果。毫无疑问地说，执行力更高的人必然有着更为深远的眼光、超快的速度、更为精准的结果。因此，设定执行的精度、广度、速度已经成为提高员工执行力的重要标准。

1. 执行力需要超强的精准度

精益求精是不断对结果有更加完美追求的思想，也是企业员工自我执行规范的必备标准之一，更是员工形成执行优势的重要方面。尤其是当做同一份工作的时候，员工会花费同样的时间来完成，但是评判者会选择精益求精的一方作为优胜者。因此，员工只有注重对品质精益求精的追求，才能更好地规范自我执行力，更加完美地完成任务。

爱迪生曾经为了发明一种比以碳棒为灯丝使用寿命更长的电灯，在不断尝试了1600多种材料，经过了3000多次的实验之后，终于研制出了能够连续使用45小时的电灯，后来又继续研究，最终研制出了钨丝灯。正是由于爱迪生对电灯的这种精益求精的追求，使得爱迪生成为享誉世界的发明大王，也正是由于这种精益求精的追求，才能创造更加完美的产品。

琳达是一家大型上市公司的运营经理。作为一名独立、勇敢的职业女性，琳达有着超强的执行力。在公司里，她经常需要协助总经理调配各部门的资源，从而完成很多非常重要的项目，而且还要带领整个运营部门做好产品的运营工作。平时工作的时候，琳达对工作有着精益求精的追求，她不允许自己犯丝毫的错误。例如，总经理提出一个问题或者交代一项工作，琳达都会做出三种以上的解决方案，力求将工作做到完美。在自己部门里，对于员工提出的问题，她都会精确地回答，并且要求员工和自己一样不折不扣地去执行工作。在琳达带领下的运营部门，连续三年都被评为公司"最优秀的部门"，整个团队因此受到老板的高度重视，不久之后，琳达也成功荣升为公司的副总经理。

案例中，琳达的成功不仅因为自己有强大的工作能力，更重要的是她对工作精益求精的追求。员工在执行工作的时候，只有像琳达一样将精益求精的追求设定为自己工作的原则，才能更加完美地完成工作。任务的分配和起点不是员工可以决定的，但是执行的过程和结果却是掌握在员工自己手中的。只有真正将工作执行得更好，不断完善执行效果，做到精益求精，才能为任务的执行画上一个完美的句号。

2. 执行力需要扩张思路的广度

郑强和李伟同时进入同一家公司，并且均担任活动策划一职。但是，在两年后的策划经理任命中，总经理选择了郑强。而李伟则只成为策划小组组长。李伟很不服气，心想："因为自己和郑强同时进的公司，自己也不比郑强差啊，甚至自己学历还比他高呢。"于是，李伟找到了总经理，想要寻求一个答案。

总经理对李伟说道："每次你们两个在接受工作，准备策划方案的时候，都会准备两个方案，一个为主要执行方案，另一个为备用和辅助策划方案，这样才能保证活动顺利进行，对吧？"李伟点点头。

总经理接着说道："但是，郑强通常都是准备四个方案，当前两个方案行不通的时候，还有两个备用和辅助方案。且后两个方案和前两个方案，思路是完全不同的。"

这时候，李伟说道："但是，我的方案是每次都能做到万无一失的啊，我就没有必要再浪费更多的时间去准备额外的两个方案了吧？"

总经理继续说道："可能作为一个策划人员，是不需要这样做的。但是，假如想成为策划经理，这种做法是非常有必要的。只有在制定执行方案的时候真正考虑到员工的能力，在遇到困难的时候，才能够有更多的方案去选择。这样就需要策划经理在设计方案的时候能够更为全面地考虑诸多因素，毕竟，没有任何一个方案可以保证是万无一失的。而且，只有策划经理的思路宽，才能更好地带动下属的思路，同时解决问题的能力也会越来越强，才更加具有执行力。"

总经理的一番话令李伟心服口服，激励他在以后的工作中更加努力。

案例中，郑强的宽阔思路得到了企业高层的认同，同时也为他开辟了新的职业道路，完成了从策划职员到策划经理的转变。当然，最初郑强的目的可能只是更好地完成任务，但被提升为策划经理的结果却是对他工作的最好回报。宽阔的思路能够让员工将工作执行得更加高效而完美，也是员工得以更好发展，通向更具前景未来的必备条件。

眼界越宽，所看、所想的高度就越不相同。就好像，站在屋顶和站在山顶的两个人，肯定会有不一样的视野，站在山顶的人才能看到更加广阔的空间。在企业发展过程中也是如此。只有具有高人一等的眼光的员工才能在执行过程中看得更远更全面，也才有更加宽广的舞台，才能取得更高的成就。因此，员工要想锻炼超强的自我执行力，就需要将拓宽自我思路的广度作为切入点。

3. 执行力需要更快的速度

执行力的比拼在很大程度上是执行结果的比拼，更是速度的比拼。保证执行能力的前提下，能够以追求最快的速度，先人一步抢占先机的员工，才是当代企业青睐有加的员工。只有速度更快的员工才能在众多员工中脱颖而出，得到领导的赏识。因此，设置执行的速度，成为员工自我规范的最终标准，也是形成有利的竞争机制的一个重要方面。

马云曾经说过，如果让他在一流的创意加上三流的执行力与三流的创意加上一流的执行力两者之间做出选择，他会选择三流的创意加上一流的执行力。而在2016年"双十一"当天创造出1207亿元的成交额，就是马云在与eBay的比拼之中，仅仅用了三个月的时间开发出来的成果，马云胜在了出奇制胜，但是更加胜在了速度上。

所以，无论是对于企业还是个人来说，速度都是成功的一个重要因素，也是高效完成工作任务的重要保证。要想成为一个卓越员工，必须注重执行速度的培养，从而有效提升超强的自我执行力。

第五节　严格按照企业章程、制度执行

在工作中，很多人都会觉得企业的规章制度是非常具有束缚力的，使自己的能力不能全面地施展，总是喜欢跟着感觉走。但是，在实际执行的时候，企业的章程、制度都是对执行成果的一种保证，能够最大限度地减少员工犯错误的概率，从而保证执行结果不会偏离预期目标。因此，员工在执行工作任务的时候必须严格按照企业章程、制度来进行。

制度化地执行是保证执行达到预期结果的关键。合理的企业章程和制度虽然是对员工执行过程的有效约束，但更是员工将工作执行到位的有效保证，只有这样才能使得企业更加健康有序地运行，保证企业更加平稳健康地发展。因此，严格按照企业章程、制度执行，也是员工规范自我执行力的一个重要前提。

张亮和李强是同一家公司的夜间值班保安，每天张亮负责晚上十一点到凌晨三点的值班情况，李强负责从凌晨三点到七点的值班情况。经理对于这份夜间值班非常看重，每次开会必定强调他们必须在彼此见面、交接完成之后，张亮才能离开。在两人相安无事地值班两年后，直到有

一天，照常是张亮即将到三点的时候，快要交接了。每当这个时候，张亮都特别困，精神力和体力都大不如之前。

正巧这时候，李强给张亮打电话："今天自己早点过去，你可以早点收拾一下，准备交接，大概五分钟就可以到。"刚挂断李强的电话，张亮心想："反正李强也快到了，今天自己早两分钟回去吧，正好可以赶上自己最喜欢的那场球赛，反正两人都有钥匙，锁好门就行了。"于是，张亮就抱着侥幸的心理，提前五分钟离开了。谁知道，在刚到家不久，张亮就接到了李强的电话，说公司财务部门的保险柜被撬开了，正是发生在他走之后自己还没到这段时间，两人赶紧报案，给经理打电话。但是显然为时已晚。第二天，张亮被公司辞退了，并且成为每个公司都不愿意接受的员工。

五分钟决定了张亮的职业生涯，也决定了张亮的命运。企业严格的倒班制度在很多员工看来都有点不近人情，甚至是比较苛刻的，也因此造成了很多员工的逆反心理或者疲惫心理，于是出现了执行不到位的情况。就好比案例中张亮的这种情况，他也不是没有执行公司的章程和制度，只是没有严格地去执行，最终造成了不可挽回的损失。因此，员工务必从以下几个方面来严格执行企业的章程和制度，从而培养自我执行力：

1. 明确企业章程、制度的出发点、目的和意义

"没有规矩，不成方圆。"企业每一项制度的建立都是为了对员工在

执行工作任务时进行更好的约束，也为了工作能够更加健康而有序地开展，保证企业稳健地发展。员工只有真正从内心深处明确了企业的章程、制度的出发点、目的和意义，才不会认为这些是为了限制他们的工作自由而制定的。只有消除抵触心理和厌烦情绪，才能以一种更加平常、平和的心态去看待企业的制度和流程，从而激发自己工作的积极性，最终执行到位。

2. 具有严肃认真的工作态度和责任心

每一项工作对于公司的运转来说，都有着非常重要的意义。要想更好地规范自身的执行力，严格按照企业章程、制度执行就需要员工在执行中改变自己的思想观念，只有从思想深处，明确自己在执行过程中的工作职责，增强自己的责任心，才能真正从内心深处去认同每一项工作，严格按照企业章程、制度来执行。因此，严肃认真的工作态度和超强的工作责任心是员工按照企业章程、制度规范自我执行力的关键。

3. 提高自身的整体素质

员工的整体素质是员工能否从心里认同企业的章程、制度并严格执行的关键。只有提高自身的整体素质，才能走得快、站得远，更能理解要想建立一支拥有高效执行力的团队，必须依靠制度来进行行为规范，而这些必须在提高自身整体素质的情况下，才能考虑得到。因此，通过不断提高整体素质来加强自身对于企业章程、制度执行的认识。

企业章程、制度的制定都是为了企业更好地发展，也是为了员工在执行中，有个更为明确的行为规范。任何优秀的企业都有明确的规章、制度，并且一旦出现违反的行为，都会毫不顾惜、严惩不贷。与其让自己成为不遵守公司章程制度的受罚者，倒不如成为严格遵守企业章程、制度的执行者，不仅有利于公司的进步和发展，还能在这个过程中不断提高自我执行能力，更好地在企业发展，最终成为一名卓越而出色的、受公司重视的员工。

第四章
执行目标分解力：引导自我执行方向

执行力作为实现工作目标不可缺少的一个重要环节，在企业的发展中，有重要的意义。要想打造出超强的自我执行力，就必须学会引导自我执行的方向，这就需要员工培养目标分解力，其实就是培养自我目标分解的能力。因此，在卓越员工超强自我执行力的锻炼过程中，只有真正学会将目标进行分解，才能通过实现各个小目标最终实现那些长远的、战略性目标。

第一节 目标明确，执行才有方向

要想成为一个有超强执行力的员工，必须具有强烈的执行意愿。而目标的明确能够带来强烈的执行意愿。目标在执行的不同阶段有不同的作用：在执行之前，目标的主要作用是引导；在执行过程中，目标的主要作用是动力；在执行完成之后，目标是结果的校验标准。目标能够联结执行的各个阶段，并且贯穿执行过程的始终，形成强大的执行力，让执行具有明确的方向。

员工要想将工作执行到位，就必须制定目标。对于员工来说，只有有强烈的执行意愿，树立强烈的执行目标，在执行的时候才能更加明确方向。执行者了解自己要做什么，为什么这样做，要执行到什么程度，将来又想达到什么样的目的，才能够找到一个正确的执行方向。目标是整个执行过程中的导航，目标越明确，执行者就越有动力，就越能够执行到位。

大卫是一家上市科技公司的运营经理，在公司发展中，经常需要自己对一项又一项重要工作做出决定。在2020年国庆节即将到来之际，公司正在全力开发一款新产品，准备在年底面向社会全面发布。在这个时候，大卫定下了一个销售额破百万的目标，并且将这个目标分解到了每一个营销人员身上，力争在年底超额完成任务。

大卫制定销售目标之后，每一位营销人员都开始全力以赴地制订自己的年度营销活动和计划，在即将到来的国庆节之际，进行一系列的营销和宣传活动。不仅仅在传统媒体上进行了产品的宣传和介绍，更利用最新的互联网技术，将产品的信息发布到各个媒体平台上，邀请了一线明星代言，力争让更多的人了解到这个产品，从而达到更强的营销目的。最终在10月底的时候，产品的销售额突破百万，成为公司的"明星产品"，大卫也顺利完成了销售目标。

由案例可以看出，在职场中，只要有目标、有方向、有憧憬的人就能在工作的执行过程中，更好地激发自身潜能。目标的存在是每一个员工为之更好地去执行的动力，也为员工树立了明确的执行方向。只有将结果的各项指标代入目标的各项指标中，才能对自我执行力进行检验，检验自己完成目标的程度，同时对自身的执行力有一个正确的认识。那么，如何明确执行目标，从而确定执行方向呢？员工需要从以下几点入手：

1. 明确自己的工作任务

目标明确，知道自己的工作任务是引导自我执行的关键所在。员工能够了解自己的工作任务，清楚上司安排这项任务想要达到的最终目的是什么，这样才能在执行过程中，更加明确上司的要求和公司发展的需要，也有了更为明确的执行方向。因此，明确执行目标对于员工来说就显得格外重要。

2.将总目标分解成各个阶段的小目标

每一项工作任务的下达，都需要员工花费一周、半个月、一个月甚至更长的时间来完成。这个时候，就需要员工学会将总目标分解成一个个小目标，通过完成一个个小目标最终完成总目标，由量变引发质变。所以，员工只有对目标进行更为精准的分析和设定，才能在执行过程中有明确的方向，从而不断提升自己的执行力。

3.将同一阶段的各个小目标进行排序

当多个目标堆在一起的时候，员工的执行就容易失去方向，从而出现随手抓起一个目标就去执行的现象，显然，这种方法会大大削弱整个任务的完成效果。因此，员工要学会根据工作的重要性对目标进行排序，从而形成个人层级的目标系统，更加有主次性地完成任务。

因此，员工只有真正明白目标存在的意义，才能在执行过程中，根据目标来确定执行方向，从而不折不扣地高效执行任务，最终得到上司的赏识。因此，明确执行目标对引导和提升员工的自我执行力具有十分重要的意义。

第二节　目标精细化分解决定执行精度

在上文中谈到员工的执行精度,对于执行力的结果产生重要影响。而要想执行精度达到最佳就必须学会将目标进行精细化的分解,目标的精细化分解能够帮助员工将总目标分解为各个分目标,进而围绕总目标对分目标实现各个击破。分目标设定得越完善,执行效果就越好,对总目标的实现就越有利。

当然,目标的精细化分解必须遵循整分合的原则、大小目标必须一致的原则。只有将总目标分解成小目标,通过完成各个小目标,最后才能完成总目标。而且,分目标必须与总目标方向一致,才能在目标执行过程中,不至于偏离轨道,使执行过程更加精益求精。

郝强是一家上市公司的人事经理助理,在2020年1月的人事招聘中,需要协助人事经理召开一次公开的招聘会,涉及公司的各个部门。郝强为了更好地使这次招聘会顺利召开,就准备对总的招聘目标进行分解,明确自己在各个时间段的目标,从而保证此次招聘会顺利进行。于是,他将总目标的实现划分为三个小目标来依次完成。

（1）1月7日至1月11日，进行招聘信息的整理，确定各个招聘人员的招聘要求，最后发布招聘信息。

（2）1月12日至1月25日，打电话邀请应聘人员进行面试，与各部门负责人联系，确定他们可以面试的时间，进行初试、复试，每次需要四天时间。在开始和最后各留出两天时间进行初次面试通知和面试结果的通知。

（3）确定录取人员的报到情况，并制定出新部门的工作规范，在公司行政会上进行汇报。

很多人都劝郝强工作不用这么认真，大家都是发发消息，通知面试就可以了，但是郝强始终认为，既然自己接手了这项任务，就应该好好完成。在此次招聘会圆满结束之后，郝强受到了经理的大力表扬，赞扬他执行力较强，目标明确，考虑问题仔细周到。之后不久，原人事经理升职，郝强成功晋升为人事经理。

目标的精细化分解能够使执行的结果更加完美，也能使执行精度更高。对于执行的精益求精就是为自己的职业生涯确定新的方向。案例中，郝强正是因为这种精益求精的执行态度，将目标进行了精细化分解，才能使执行结果更加完善，最终为自己开辟了新的职业道路。学会将目标进行精细化分解成为每一个员工高效执行工作的关键。所以，员工在进行目标分解时要做到以下几个步骤，才能保证执行精细化程度。

第一步：找到影响目标的关键因素

要想将目标进行详细的分解，就必须学会寻找关键要素。寻找目标的关键支撑因素，最好采用自上而下的系统思考方法，先从最终目标开始，确定需要哪些步骤，以及需要做到什么，才能保证高效完成工作。当然，要想让工作任务完成得更加全面，不仅要找出显性因素，还要找出目标执行背后隐藏的因素，摸清楚它们之间的内在联系。

第二步：制定阶段性目标

找到了影响目标的关键因素，接下来就要根据这些因素进行总目标的制定和分目标的分解。目标的精细化分解必须建立在一个长期的、战略性的目标前提之下。应该先从时间上将总目标划分为每一个时间段的小目标。然后继续根据企业总目标的完成时间来制定小目标的实施进度，以便于对小目标实施过程的速度、质量、效率等进行检查和监控。只有明确了每一个分目标实现的时间以及方法，才能保证总目标在有限的时间内实现。因为，每一个分目标的实现是总目标实现的前提。

第三步：明确自身的优势和劣势

对目标进行分解以后，很多员工认为已经万无一失了。其实不然，作为工作的执行者，员工自身的行为和能力是影响目标实现的一个很大因素。经常在执行过程中，很多员工因为自身存在某方面的劣势而影响整个目标的实现，这种情况下的目标分解是无效的。因此，在目标精细化的分解过程中，必须明确自身的优势和劣势，并且将之一并考虑进去，然后对目标进行精细化的分解，直到找到克服的办法。

第四步：制订执行的详细计划

目标精细化分解的最后一步就是制订每一个小目标的实施计划，确保目标的顺利执行。只有将每一个小目标的实行都制订一个周密的计划，才能在执行过程中更好地、更快速地完成任务，最终达到既定的执行精度。因此，制订详细的执行计划，可以有效提升执行精度，减少不确定性，从而更加完美地完成。

目标的精细化分解必须严格按照以上步骤来进行，才能更好地达到预期的执行精度。要想成为具有超强执行力的员工就必须学会对目标进行精细化分解。只有这样，才能在执行过程中，对计划进行优化和完善，使得目标得以高效实现。最重要的是能够使自我执行力得到升华。

第三节 把目标量化到每个工作流程

在企业发展过程中，不同阶级、不同部门、不同职位都会有不同的目标。而要想将这些目标完美地实现，就需要各个岗位的员工根据自己的目标来制订相应的计划，让目标真正在日常的工作流程中得以体现。因此，要想杜绝目标在企业发展中空泛、抽象、模糊不清的现象，就必须学会将目标量变到每一个工作流程，才能真正让每一个执行者都有所参考。

世界流程改进领域泰斗之一 H·詹姆斯·哈林顿曾经说过:"量化管理是第一步,它导致控制,并最终实现改进。如果你不能量化某些事情,那么你就不能理解它。如果你不能理解它,那么你就不能控制它。如果你不能控制它,那么你就不能改进它。"当然,将目标量化到每个工作流程的过程也是计划制订的过程。

孙阳是一所普通大学中文专业的毕业生,他一直有一个梦想,就是创办一家广告公司。但是对于一个没有任何背景、没有资金、没有经验、没有团队的大学生来说,这个梦想就如同夜空中的星辰一样耀眼,却无论如何都触及不到。但是,孙阳并没有就此放弃,而是将梦想深埋在心里,并且下定决心去实现。

没有经验又没有资金和人脉的孙阳开始从一家私人小广告公司的助理做起,与其说是一个助理,倒不如说是一个打杂的。在别人看来,这种小广告公司的助理还不如正规公司的实习生,最后留在大企业。但是,孙阳知道自己并不是广告学专业学生,在大公司很少能得到发展的机会,还不如从这种小公司先慢慢学起,而且小公司员工少,自己只要抓住机会一定可以学到不少东西。

经过一年多的努力,孙阳从一个打杂的助理成为这家小公司的广告文案策划助理;又过了一年,他成为这家公司的文案策划主管,受到了经理的高度重视。随着经验和能力的不断提升,孙阳跳槽到了一家大型广告公司,成为一名专业的文案策划人。经过三年的锻炼和提升,孙阳先成为这家公司的策划部经理，后来慢慢发展成为整个广告部的经理，身兼管理和策划两职。

最终，孙阳从这家广告公司中脱离出来，自立门户，开办了属于自己的文化公司。

案例中，孙阳在一开始，就目标明确，并且在实现梦想的过程中，一直不断地努力，经过五年的时间，最终让梦想开花结果。因此，一个远大的目标只有将其融合在小目标、有流程保证的计划中，经过不断的优化和完善，才能绽放出更加炫目的光彩。而员工要想达到这种效果，就必须在引导自我执行方向的过程中通过以下几点将目标量化到每个工作流程中：

1. 将目标量化到每一天和每一个过程中

进行目标的量化就必须对企业的战略目标进行详细的分析，杜绝目标量化不清晰的局面出现。要对自己即将执行的目标有一个详细的规划，每个步骤需要多长时间来完成，每一天都要完成什么工作，清楚自己努力后的结果是什么，才能使得行动的每一个步骤都较为清晰，有助于自己对大目标的理解，进而分阶段地逐步完成自己的任务，既能获得完成工作的成就感，又能提高自己的工作效率。

2. 从细节中寻找量化目标的关键点

把目标量化到每一个工作流程中，需要员工学会关注目标和流程中的关键点，能够用最佳的方法将目标融合每一个流程的执行中，用最短的时间、最佳的效果来完成任务。而从细节中寻找量化目标的关键点，就是能够量化目标过程，更好地引导自我执行的方向，不至于偏离轨迹，造成严重的后果。

3. 规范每一个过程和步骤

所谓规范，就是对目标进行量化的过程中提出的一个要求。对每一个量化的目标有强有力的规范，并且深入分析每一个步骤，分析如何在最短的时间达到最佳的效果，如何节省时间、提高工作效率，如何实现资源的优化配置。因此，将目标量化到每个工作流程中，唯有按照标准的步骤和过程一步步进行，才能达到最终的执行目的。

要想成为一个具有超强执行力的员工，就必须树立明确的执行目标、明确实现目标的起点和终点，并且与执行中每一个流程相对应，将目标量化在每一个流程中。总而言之，在目标分解过程中，要想将工作任务执行到位，就必须学会将目标量化到每个工作流程中，进而更好地完成工作任务，逐步培养自我执行力。

第四节　计划适当调整，目标坚定不变

大家都知道，两点之间，直线最短。在实际生活中，出发点和目的

地之间，的确是直线的距离最短，但是在行走过程中，总会出现各种各样的困难或者阻碍来影响我们的行走方式，因此，经常会出现改变道路的情况，但是唯一不变的就是起点和终点。在工作中，同样如此。从开始执行每一项任务到最终结束，两者之间，也是由一条线段相连，各个执行的节点组成了通往目标的道路，然而在这条道路上总会有各种意外情况发生，这就需要在实际执行中，不断调整计划，调整的目的是让工作目标在执行过程中能够更加顺利实现，然而既定的目标是不可以随意更改的，否则就像猴子挑桃子一般，边挑边扔，到最后依旧两手空空，没有任何实质性的成果。

李宇在武汉一家研究所工作，今年，所里给他的任务是五年内要取得一项语言方面的突破性成果。但是，今年正好赶上李宇新婚，妻子原本患有类风湿关节炎，生下女儿之后，病情越发严重。面对常年卧床的妻子和嗷嗷待哺的女儿，再想到毫无头绪的工作，李宇感到了困难重重，而且压力巨大，一度产生了辞职换工作的想法，可终究还是舍不得这份自己热爱的事业。

于是，李宇开始静下心来，思考自己的处境，认为不能再这样下去，必须改变原来的研究方式，寻找一个工作和家庭的平衡点。后来，他突然想到，自己可以在家里工作，将研究重点转到对儿童语言的研究上，还方便照顾家人。从此，他申请了在家研究的特权，妻子成了李宇最佳的合作伙伴，刚刚出生的女儿成为他最佳的帮手兼实验对象。家里处处是记录女儿一言一语的小纸片，同时，每周一次用录音带录下文字难以描摹的声音。就这样坚持了三年，等到女儿快要上学的时候，他和妻子的研究成果终于完成了。他们向世人展示了一份儿童从出生到5岁之间语言发展的最原始的资料！这份资料当时在国外最长的纪录也只有3年。

对于员工来说，要想具备高效的执行力，在工作中，就要学会像案例中的李宇一样，适当调整计划，但是同时坚定自己的目标。只要在执行过程中，发现原本设定的计划不符合实际情况，就要懂得变换自己的计划和执行途径，舍弃原来的方案，换另一种计划，及时变通，但是又不失既定的目标，才能顺利而完美地完成任务。

在工作的实际执行中，计划和现实之间往往有着较大的差异。这个时候，要想更顺利地达到目的，就必须坚定目标不变的原则，根据现实的情况对实施计划不断进行调整。俗话说：不管"白猫黑猫，能捉住老鼠的就是好猫"，虽然渠道不同，路径不同，但是依旧能够绕过阻碍并获得相同效果，这就是最佳计划实施方。那么，在执行过程中，如何适当调整计划呢？员工需要做到以下两个方面：

一方面，计划适当调整的关键就是要学会变通思路，不要墨守成规。思路的变通能够突破困境。"条条大路通罗马"，只要计划得当，都可以实现既定目标。只有善于变化自己的思维习惯，改变自己的观念，才不至于陷入死胡同。

另一方面，适当调整计划要求员工寻找更为巧妙的办法来化解当前面临的困难，这样才能更好地执行任务，实现目标。在计划调整过程中，只有真正解决各种各样的问题，才能高效完成任务，同时提升自己的执行力。

员工培养自我执行力的时候，也要学会变通，学会根据实际情况的变化来不断调整自己的计划和执行过程。如果执行者一味地按照原定计划来执行，完全不考虑在执行过程中变化的因素，就会因为自己的墨守成规而导致工作任务无法顺利完成，那么，之前所做的一切都是无用功。

第五章
执行时间规划力：掌控自我执行时间

掌控自我执行时间对于员工来说，不但可以对自我执行力进行约束，还可以有效提升自我执行力，能够最大限度地保证工作任务按时按量地完成。因此，员工的时间规划力，不仅对员工自我执行的时间管理能力提出了要求，更是提升个人素质、实现高效执行的关键。

第一节　把时间花在刀刃上

无论是对于工作来说，还是对于生活来说，每一个人的时间都是有限的。把时间花在刀刃上，就是指将时间花在那些重要的事情上，而不是花在其他无关紧要的事情上。当然，这需要员工学会对时间进行有效的管理，充分利用每分钟，用最快的速度完成工作目标，大大提高工作效率。

培根曾经说过："善于选择要点就意味着节约时间，而不得要领地瞎忙，却等于乱放空炮。"时间是多么的宝贵，要想科学、合理地利用好每一分每一秒，就必须学会对时间进行管理，将时间真正地用到关键节点上，才能用最少的时间达到最佳的效果。因此，只有将有限的时间最大限度地利用起来，了解时间规划的重要性，才能掌控自我执行时间。

斯蒂文是一家公司的副经理，一天，他像平常一样走进自己的办公室，着手处理桌子上的一摞报表。看着看着，他觉得自己的头很痛，但是出于对工作的负责态度，他按了按太阳穴，继续慢慢审阅。

过了一会儿，他的秘书走进来，告诉他："经理，有个客户想要见您。""让他在会客厅里等我一下,我马上就到。"斯蒂文头也没抬,只是对秘书挥了挥手,说道。

大约过了十分钟,当斯蒂文走进会客室厅的时候,他看到客户正在来回踱步,一副非常焦躁的样子。他走过去,满脸堆笑地说:"真是非常抱歉,我今天实在太忙了,实在不能抽出时间。"

"既然你抽不出时间,那么我们就改天再说吧。"客户听了斯蒂文的话,非常气愤,留下这样一句话便拂袖而去了。斯蒂文一时间愣在那里。毫无头绪地返回自己的办公室,继续看那摞报表。

第二天,当斯蒂文像往常一样来到公司的时候,他接到了自己被辞退的通知,原因是他使公司失去了三千万美元的订单。此时斯蒂文才意识到时间观念的重要性,他后悔莫及。

案例中,斯蒂文的确很忙,但是,忙并不是工作无法正常完成的借口,也不是自己错失一个大订单的理由。在时间管理中,如果不能分清楚事情的轻重缓急,不能将时间用到刀刃上,那么时间终将被自己浪费,且自己付出的行动也将毫无意义。因此,在日常工作中,只有具备掌控自我规划时间的能力,将时间进行有效的规划,才能更好地完成任务。那么,如何更好地将时间花在刀刃上呢?员工必须做到以下几点:

1. 学会客观评估自己

可能很多员工不理解,学会客观评估自己和将时间花在刀刃上有什么关系呢?其实,学会客观评估自己,也就是认清楚自己,只有这样,才能在执行任务的时候扬长避短，利用好每一分钟，更加高效地工作。并不是说每一项工作都适合自己来执行。很多时候，一项或者多项任务都是需要耗费大量的时间或者通过他人的帮助来完成的，这个时候，就需要员工对自己有一个清晰而明确的认识，真正将时间的分配和自己的个人能力以及对他人的帮助做合理的安排，才能不浪费执行中的宝贵时间，更快、更好地完成任务。

2.冷静地进行任务的分析

俗话说："磨刀不误砍柴工。"在员工的时间管理中，很多员工可能都以为任务一下发，就马上开展工作，是对时间最好的利用。殊不知，接到任务的第一时间，对任务进行冷静的分析才是执行任务的第一要点。花些必要的时间进行基本的任务分析，了解重点环节在哪儿，任务的难点在哪儿……这些准备工作看似浪费了员工不少时间，但其实对于整个任务的实施来讲，是能够达到事半功倍的效果的。

3.制订一份详细而又科学的计划

要想将时间用在刀刃上，就需要对执行的任务制订一个详细而又科学的计划，对于任务中有哪些是可实施的、需要花费多少时间、需要花费多大精力等，都需要有一个清晰的时间安排，有利于将最为关键的时间用在执行最为关键的任务上，以便更好地完成任务。因此，制订一个详细而又科学的计划，把每一个步骤所需要的时间都计算出来，为自己的执行过程提供一份约束和监督，有利于将时间充分利用起来，最终自然高效地完成任务。

员工的时间规划就是员工自我掌控时间的能力。毫无疑问，时间对于每个人来说都是非常宝贵的，没有一个员工喜欢加班，那么，这就要求员工必须做好有效的时间管理，通过掌控自我执行时间，来逐渐培养自我执行力。只有这样，才能将自己练就成为一名优秀而卓越的员工，实现个人价值的同时，促进公司的不断发展。

第二节　掌握有效的时间管理技巧

对于员工来讲，掌控有效的时间管理技巧能够帮助自己在执行工作任务的时候更加游刃有余，有强烈的执行方向和动力。有效的时间管理能够帮助员工进行科学、合理的时间规划，从而更好地按时按量完成任务。越来越多的员工开始对有效的时间管理给予充分重视，不但通过有效的时间管理来高效地完成任务，同时还大大提高了工作效率。因此，员工只有成功掌握有效时间管理的技巧才能更好地完成目标。

有效的时间管理技巧，就是要员工培养自我时间合理安排的能力，能够在执行过程中更好地掌控执行的效果。没有好的掌控时间的能力，就好比在执行过程中没有时间和效率的保证一样放任自如。只有围绕工作和目标进行合理的时间分配，有效地掌控时间，才能在执行中更好地进行时间规划。所以，学会掌控有效的时间管理技巧，有助于员工中在规定的时间内更好地完成工作。具体操作方法如下：

1. 设定工作目标，按照重要程度进行排序

有效的时间管理就是真正将工作目标按照重要程度来进行排序。每一项工作都需要多个步骤来一步一步地完成，这就需要员工真正明白任务的紧急程度。将工作进行有序的安排，能够最大限度地对时间进行最好的划分，有利于时间的高效。因此，设定工作目标，将任务根据重要程度进行排序是进行有效时间管理的技巧之一。

2. 集中精力完成最重要的任务和目标

做好时间管理，需要员工在按照事情的重要程度排序以后，能够真正将时间集中花在最重要的任务上。只有这样，才能更加高效地完成任务，同时不会因为时间不够造成整个执行过程出现问题。所以，员工在进行有效的时间管理过程中要学会集中精力先完成最重要的任务和目标。

3. 为每一项任务设定一个时限

巴金森 (c-Noarthcote Parkinson) 在其所著的《巴金森法则》(Parkinsons Law) 中，写了这样一段话："你有多少时间完成工作，工作就会自动变成需要那么多时间。"要想更加高效地利用时间，就必须学会将自己的时间进行各阶段任务的设定，为每一项任务的完成都设定一个时限，以便员工在执行过程中无形为自己增加一点压力，进而变压力为动力。只有这样，才能在完成工作任务的时候不浪费自己的时间，同时也不会因为自己的拖拉浪费别人的时间。

4. 结果导向，掌控过程的工作原则

很多人在一天的工作中，都会将自己的大部分时间消耗在那些无用的事情上，因此，员工只有真正做到有效的时间管理，才能将时间高效地利用起来。而要想达到这个效果，就必须做到心中有数，以结果为导向，并且掌控每个执行环节。只有这样，才能更好地实现自我时间的掌控。

5. 遵循 80/20 定律

每个人的工作时间都是有限的，但是总有很多事情会发生在我们的生活和工作中，员工不可能用无限的时间去完成无限的事情。因此，要想合理地分配时间，并避免因为时间管理问题而出现重要的事情未完成的情况，就要遵循 80/20 的定律，即将 80% 的精力用来完成 20% 最重要的事情，避免出现顾此失彼，一事无成的执行结果。

6. 办公环境务必整齐干净

说实话，有效掌握自己时间的员工很难处于乱糟糟的工作环境。对于员工来说，将自己的办公文件进行干净而有序的整理，不仅不会浪费宝贵时间来寻找文件和资料，同时也能够营造一种舒心的工作氛围，有利于工作任务的执行。

7. 重视零散时间的管理

时间对于任何人来说，都不是 24 小时连续不停地做同一件事，而是由许多小时间块组成。这就需要员工将这些零散的时间充分利用起来，将每一分钟的价值都发挥到最大化。比如，参加一个会议之前，可以利用手机回复一些不重要但是又必须回复的邮件，也可以和别的参会人员

来讨论一些最近的工作心得，都能够将这些零散时间高效地利用起来。

只有做好时间管理，才能在执行工作任务的时候，真正掌握自己的执行时间，进而更加高效地完成工作任务。很多工作都有时间的限制和要求，不可能让员工用无限的时间去完成工作任务，那么，如何在有限的时间内完成任务呢？掌握有效的时间管理自然就是重中之重。因此，员工要学会高效利用时间，做好有效的时间管理，最终达到提升自我执行时间管理的能力。

第三节 增强时间紧迫感，提升工作执行力

在职场中有这样一个现象：当一个人有一天的时间可以去完成一项任务的时候，无论这个任务多么困难或者简单，他都可能需要一天的时间来完成。但是当一个人手中有同样的任务，但是只有一个小时来完成这项工作，那么，他就会将一天的时间缩短为一个小时来完成。这就是员工执行力的时间紧迫感问题。因此，员工要想做好时间规划，就必须具有掌握自我执行时间的能力，通过增强时间的紧迫感，来快速提升工作的执行力。

居安思危，具有危机意识的人才是21世纪企业最为需要的人才。而

时间的紧迫感就是具有强烈危机意识的员工所必备的时间管理法则。在这个日新月异、不断追求效率的时代，时间的高效利用，就是执行力大大提升的关键。那么，增强时间的紧迫感就显得至关重要。当我们只有一个小时的时间来完成这项工作的时候，自然比那些有一天的时间来完成这项工作的员工效率更高，也能不断提升自己超强的执行力，成为卓越而高效执行的员工。

作为一名刚刚毕业于名牌大学新闻专业的大学生，赵玲有着扎实的理论知识。毕业之后，她应聘为一家著名杂志社的记者，兼职写稿。由于专业能力较强，加上赵玲虚心学习的工作态度，她的表现一直很不错，并且什么事情都力求做到完美，杂志社的领导都非常看好她。

一天，社里派她出去做一个名人的专访。因为第二天就要举办以那个名人为主的大型活动，因此稿子要得非常急。赵玲从采访回来就一直写稿子，距离报纸排版的时间越来越近，可是她还没有完稿。在部门负责人一再的催促下，进展还是很慢。

无奈之下，部门负责人让一个老编辑出马，没过多久就完成了稿子，而且质量非常高。赵玲看了那篇稿子，发现自己与老编辑之间存在很大差距，感到十分惭愧。

部门负责人语重心长地说："赵玲，不要气馁，我知道你想要做到尽善尽美，也知道你在工作之外付出了很多努力，打个比方，小乌龟是很踏实，但是它的速度太慢了；小兔子是很不靠谱，但是它的速度是不可否认的。要想做一个优秀的记者，就要汲取两者的长处，进行互补。"

赵玲听了之后，默默地点了点头。从此，她在努力工作的同时，不断提高工作效率，最终成为一名优秀的记者。

案例中，赵玲不是没有能力，她能写出很好的稿子，但是她却没有时间的紧迫感，根本赶不上工作进度。要想执行到位，就必须具有着时间的紧迫感，讲求执行的效率，在保证质量的前提下，用最快的速度完成工作，达到最佳的执行效果。

通常，企业要求员工在保证质量的前提下，以最快的速度完成任务。而员工要提高执行的效率，就必须增强时间的紧迫感，给自己一种暗示："时间所剩无几，必须提高工作效率。"这样，才能达到最佳执行效果。员工要想增强时间的紧迫感，就必须做到以下几点：

1. 眼光要放得长远

闭门造车就无法领会外面世界的飞速变化。对于员工来说，眼光局限于本职工作，就无法了解市场的最新消息，从而对自身处于什么样的竞争环境模糊不清，更加看不到来自外部环境中的新机遇和来自竞争对手、客户和监管环境的变化所带来的种种危机，而这种情况的出现自然无法增强自己的时间紧迫感，提高自我执行力。

眼光放得长远，就能够加强自己对于任务执行的高度认同感，进而在执行工作任务的时候能够不断摈弃闲杂的思想，在不影响质量的前提下，不断缩短执行时间，大大提高工作效率。这也是员工提升自我执行力的一个重要方面。

2. 制订详细的任务执行时间计划

每一项工作的完成都有一定的时间限制。要想增强时间紧迫感，最有效的方法就是在任务执行之前制订一个详细的时间分配计划。在这个时间分配计划中，要将所要执行的任务分成几个小目标来完成，根据每一个小目标所需要的时间来设置合理的时间分配计划。这样，在执行任务的时候，就可以根据自己制订的时间分配计划顺利完成任务，最终达到高效完成任务的目的。假如前一个小目标没有严格依据规定时间来完成，就会影响下一部分工作的开展，给自己制造了一种无形的压力，从而在执行任务的过程中将其转化为工作的动力，提高了自我执行力。

3. 在员工之间建立相互检验和督查机制

每一位员工在团队中都不是单个作战的，都是将自己的力量凝聚到团队中，大家一起奋战。在工作中每一个成员的工作进度都可能影响整个团队任务的执行进程。这时候，在员工之间可以建立相互的检验和督查机制，让其他员工在自己执行的过程中，对自己的执行速度进行督查，不断督促自己用更短的时间来完成任务，而在这个过程中，自己的时间紧迫感自然随之增加，执行力也必将大大提高。

4. 提高个人素质和责任感

增强时间紧迫感的过程就是员工个人素质提高的过程，也是企业员工增强责任感的表现。企业作为一个以经济效益为目的的营利性机构，每一个员工的存在都有重要的意义，都对企业的发展起着至关重要的作用。因此，员工只有加强对于企业发展的责任感，不断提高个人素质，才能更加深刻地意识到自己对于企业发展的重要性，明白在激烈的市场竞争中，自我执行力的高低关系到企业的成败，从而增强自己的时间观念，更快、更好地完成任务，提高自我执行力。

综上所述，增强时间的紧迫感与提高工作执行力，和企业员工的发展有着密不可分的关系。增强时间的紧迫感，在一定程度上就是要求企业员工摈弃杂念、心无旁骛地开展工作，从而大大提高执行速度，更好地完成工作。毕竟，执行的速度决定了执行结果，决定了企业能否快人一步抢占市场的先机。因此，在员工执行力培养过程中，增强时间的紧迫感显得尤为重要。

第四节　21天成功练就一个超强执行力者

有科学实验表明，人的记忆周期为21天，也就是说，要想改变自己的行为或者培养出一个新的习惯来代替已有的习惯，21天足矣。但是，在现实中，绝大多数人都认为一个21天的执行根本不会对大家产生什么影响，也不可能决定大家的思维方式和行为。的确，21天可以让人遗忘很多，但是假如通过不断地强化和培养，可以让人养成新的执行习惯和方式，也可以从一个平庸的执行者变成一个具有超级执行力的高手。

乔治是一家上市公司的经理助理，在刚刚接手这份工作的时候，很不适应，不能将经理每天的工作进行有序的安排，经常需要别人帮忙。看到这种情况，前任经理助理安娜就语重心长地对乔治说："你的工作安排太没有条理了，怎么可能将经理的工作安排好呢？你要养成一个好习惯，每天早上来到之后，先对工作有一个整体的安排，要提前做好计划，培养今日事、今日毕的习惯，千万不要以为第二天还有时间来安排这些工作。"

乔治说："我也知道，但是，我就是感觉自己可能不适合这样的工作内容，我没有提前进行安排、整理的习惯，而且，我感觉有些事情第二天做也可以啊，没有必要非得今天做完啊。"

安娜说："没有这个习惯，你就从现在开始培养，要想成为一名合格的助理，就必须有超强的执行力。21天足以让你养成这样的执行方式。至于当天的工作当天做完，是对工作负责，更是对自己负责，因为，谁也不知道你明天会不会有其他工作，假如今天的工作还没有做完，明天的工作做起来就更为困难了。"

听完安娜的话，乔治决定从第二天开始，有意识地培养自己提前做好计划、积极主动地工作，今日事、今日毕的习惯。第一周，自己手忙脚乱，很不适应，感觉工作量无故多了很多，但是的确更有条理了。第二周、第三周以后，乔治彻底养成了好的工作习惯，工作效率和执行力大大提高，真正适应了这份工作，还受到了经理的夸奖。

案例中，对于乔治来说，他执行力不强的一个很大原因就是没有好的心态以及好的执行习惯。员工要想更加高效地完成工作，就必须在时间规划上有独特的技巧。要知道对于一个具有超级执行力的员工来说，必然拥有很多好的执行习惯，而这些习惯，只需21天就可以养成。当然，要想在21天练就一个具有超强执行力的人，员工必须具备以下三种技巧：

练就超级执行力的技巧之一：积极主动地行动

有着超级执行力的员工对于工作的执行都会有强烈的意愿，并且会表现为自主自发地行动。在每一项任务下达之后，都会以一种积极的心态，采取主动出击的方式，能够充分发挥主观能动性来完成任务，而执行效果自然会朝着一个越来越好的方向发展。相反，缺乏积极主动的执行态度，自然不可能有好的执行效果。

当然，要想更加积极主动地去执行任务，就必须学会正视自己消极的态度，不断改变自己，战胜那些无意识的消极、懒惰的坏习惯，激发自己的潜能，端正自己的工作态度。生活不是为了工作，但是工作可以让自己的生活变得更加美好。只有态度正确了，才能在执行任务的时候更加积极主动，更好、更快地完成任务。

最后，磨刀不误砍柴，员工一定要拥有一双善于发现的眼睛和一颗善于感悟的心，真正爱上这份工作，才能得到更好的发展机会。因此，只有真正体会到每次工作的目标制定的意义，从心里认可这份工作，才能让自己与工作产生共鸣，从而爱上这份工作，才能将其做得更好。

练就超级执行力的技巧之二：制订项目、阶段、日计划，并及时进行调整

《礼记·中庸》中曾说道："凡事预则立，不预则废。言前定则不跲，事前定则不困，行前定则不疚，道前定则不穷。"意思是说做每一件事情之前都要有充足的准备，而准备的前提就是设定计划，包括自己将要做什么、怎么做、可能遇到什么问题、应该如何解决、会达到什么样的效果、可能会遇到什么样的问题和阻碍以及解决的办法是什么、准备达到什么样的效果等，因此，要学会制定项目、阶段、日计划，为执行的工作做好准备，从而更好地执行工作。

当然，员工也都知道，计划赶不上变化。针对目前情况和发展趋势制订计划之后，要学会根据现实情况的不断变化做出调整，才能保证有效的执行。假如在执行过程中，出现了突发情况，员工必须暂停计划，优先解决和处理。只有这样，才能更好地成为一个具有超级执行力的员工。

练就超级执行力的技巧之三：今日事、今日毕

21天成功练就超强的执行力就要培养一个绝不拖沓的习惯，那就是：今日事，今日毕。在员工执行过程中，绝不把今天的工作拖到明天做，无论如何，都要将当天的工作任务完成，这不仅能够给自己带来一定的压力和动力，还能够彰显自我执行力，体现自己的敬业精神。

今日事、今日毕，这不仅仅是员工面对工作的态度，同时也是在执行任务过程中的一种信念。有了这种的信念，就会扫除一切阻碍，完成自己当日的任务，久而久之，就能够锻炼出自己超强的执行力。

当然，要想做到这一点，就必须坚持制订每天的工作计划，让每天的工作都有条理、有重点。在制订日计划的过程中，要对当天做的事情进行分类，不但要归好类集中处理，还要从中找到重点。优先解决紧急和重要的问题，再解决比较重要的问题，最后解决不紧急、很一般的问题，做到忙而不乱。

人的习惯养成只需21天，只要坚持21天后，人就会有意识地进行某种动作，而前面21天是最难的，对于要想练就超强执行力的员工来说，通过掌握以上三个技巧，坚持21天以后，就会看到一个不一样的自己。可见，养成一种超强执行的习惯很简单。只有养成超强的执行习惯，才能在执行过程中练就超强的执行力，最终完成任务，达到预期的效果。因此，在员工的时间规划上，掌控自我执行时间可以用21天来养成超强的执行习惯，成为一个具有超强执行力的人。

第六章
执行的行动力：加快自我执行速度

在执行力决定企业和员工发展的今天，执行力的高低既决定了企业未来的发展前景，又决定了员工能否升职加薪。企业和员工一切目标的实现都需要执行力的存在。而员工能否快速投入到工作中去也就成为制约员工和企业发展的一个重要因素。只有不断地加快自我执行的速度，才能更快地完成执行目标，为企业的发展贡献出自己的一份力量，同时更好地实现个人的工作目标和自我价值。

第一节 执行=计划+行动

在执行的旅途中，计划是执行的指示牌，是整个旅途中的重要向导，决定了旅途中应该走的路线，决定了执行过程的曲直，决定了执行过程的精彩程度，决定了执行者能够看到的"风景"。而行动作为实现执行的必备步骤，没有行动的执行，哪怕拥有再完美的执行计划，一切都是空谈。因此，执行一定要有计划作为指导，有行动作为实践。

作为世界第三大计算机制造商的康柏公司被世界排名第二的计算机制造商惠普公司以180亿美元收购，在这个过程中，惠普公司为了兼并康柏公司，光做收购计划，就用了八个小时。

当惠普和康柏开始计划实施兼并的时候，两家公司就派遣专门的人员开始商谈兼并事宜，并且共享彼此的机密信息，将企业大大小小的内容和项目都进行了细致的分析和计划。在这份计划中，不仅有着收购的月目标、周目标，还有日目标。并且，当计划确立的时候，两家公司都在不折不扣地行动。

在当时的惠普公司里，有这样的一个口号："Adopt and Go"，即接受，并行动。计划作为行动的纲领，上至企业的管理者，下至员工，每一个人都按照计划来行动。所有员工都在服从计划的行动。当时中国惠普总裁说："在兼并和整合的过程中，两个公司的员工都非常平静。"因为每一步的行动都是严格按照双方执行的计划来进行的，自然执行起来就非常顺利，效果也非常好。

案例中，惠普公司之所以能够将收购案进行得如此顺利，和员工按照计划来行动的原则有着莫大的关系。企业需要的自然也是具备这样执行力的员工。员工的执行力影响企业的发展和进步。想要成为一个具有超强执行力的员工，就必须在执行的时候有全面的计划和不折不扣的行动力，不断加速自我执行速度，完成工作。因此，要想具有高效的执行力，必须做到计划＋行动。员工要想高效地执行工作任务，就必须遵循以下三个原则：

1. 执行的前提条件：详细、周密、完美的执行计划

计划是员工为了实现某种目的或者达到某种目标，对未来的行动所进行的设想和部署。但是在实际工作中，很多员工都感觉计划只是一种流于形式的东西，只有行动才能说明一切。其实不然，行动作为一种执行过程，必须依靠计划来更加有序地执行。没有计划的执行就好比没有方向地行走，是没有任何意义的。当然，没有行动的计划也只是一纸空谈。只有有了计划，才能让行动有明确的实现方向和途径，才能让行动按章行事。

当然，在工作计划的设定中，员工除了需要充分考虑执行计划的时间外，还需要对设计计划的实施因素进行全方位的考虑。首先，要对执行的目的有一个准确而清晰的认识，能够在制订计划的过程中不至于偏离主题；其次，还需要分析在计划执行过程中与现实条件之间存在的差距，分析不断变化的现实环境，不能让计划的制订脱离现实发展轨迹；最后，需要员工在计划制订过程中考虑到计划的可调整空间是否充足，能够在计划出现问题时有一个基本的预测，并且备有应急解决方法，能够及时解决在计划执行中出现的意外问题，保证计划有效、顺利地实施。

2. 执行的必要过程：不折不扣、积极、迅速地行动

行动作为计划执行的关键一环，对于执行结果产生直接的影响作用。行动作为计划变为执行的必备过程，对于员工的自我执行有着积极的意义。行动是按照计划执行的关键，也是加快自我执行速度的关键。不折不扣、积极、迅速地行动，才能达到预期的执行效果，否则，没有计划或者较差的执行力必将使执行得不偿失。

当然，在行动过程中，除了要根据计划来进行外，还需要考虑到行动实施的周边因素，能够快速地占据有利地位，不因外力的影响而耽误行动的进行。最为关键的是，行动必须考虑到实际情况的影响，不能在明知道计划有误的情况下，还坚决地进行。

3. 执行的完美进行：完美的计划＋完美的行动

计划是执行的前提条件，行动是执行的必要过程，要想具有超强的执行力，两者缺一不可。只有计划，没有行动的执行，无异于没有航向

的游轮，毫无目的地前行，最终在迷茫中消失；而只有计划，没有行动的执行无异于纸上谈兵，没有丝毫意义。要想将工作任务执行得更加完美，就必须将计划和行动结合起来，才能使自我执行具有更为明确的方向，更加有序地按照计划来进行，不断提高自我执行力。

加快自我执行速度就是要求在执行任务的时候能够将有序、周密、完美的执行计划作为行动的前提，真正将工作做到最好。要想达到预期的执行效果，就必须迅速行动起来，按照约定的计划不折不扣地去执行，才能尽最大可能避免意外情况的发生，最终实现预期目标。所以，执行依赖于计划+行动，两者密不可分，缺一不可。

第二节　执行拼的就是速度

对于一个企业来讲，速度问题一直是一个永恒的话题。当今社会，是一个追求速度，也就是追求效率的社会，要想更好地适应职场生活，就必须追求高节奏的工作速度，具有高效的执行速度，才能抢占一切先机，成为老板眼中具有较高执行力的员工。通常情况下，执行效果是由执行速度来决定的。速度快的员工在老板眼里自然就是执行力强的员工，速度慢、拖拖拉拉的员工在老板眼里自然就是执行力不强的员工。

虽然，执行拼的是速度，但是速度不快也是有多种原因的。比如：

对待任务的不熟悉程度。每一个员工在刚接手一份新工作的时候，都可能有很多需要学习的地方，这就直接导致员工对于职场上的各种技能只是了解，不能熟练掌握，这样在具体工作中会产生一些阻碍，最终使得自己的工作效率大大降低。

对时间认识不够。在工作中，每个员工都力求做到尽善尽美，同时也非常享受圆满完成工作任务带来的那份成就感，但却忽略了对于时间的要求。缺少时间概念的员工最终将无法快速地解决问题，完成任务。即使最后能够完成任务，也贻误了提交结果的最佳时机，得不偿失。

执行速度无法提高，很多时候，是由于以上两个原因造成的。但是，就工作的熟练程度而言，是没有任何捷径可走的，只有在执行过程中不断训练自己的执行速度，提高自己的时间意识，将时间进行有效而合理的分配，才能在不断提升自己执行力的同时提高工作统筹能力。

吴茜在大学毕业之后，就进入一家房地产公司担任行政助理一职。在工作过程中，吴茜曾经一度陷入了困境之中，经常无法按时完成任务。由于公司处于业务高峰期，领导经常不断将新的任务交给她，而且中间还时不时地交代一些紧急的任务需要加急处理，任务量不断增多，导致吴茜经常完不成任务，影响后续工作的开展。这种情况下，吴茜向经理表达了自己的困难，经理交给她一个解决办法。

第二天上班以后,吴茜在她的办公桌前面竖立了一块白板,上面写下了今天工作的各个时间段,并且列出了别人交给她在每个时间段里必须完成的工作。当再有人分配她额外的任务时,她就要与写在白板上的人进行调整,获得优先处理的权利。这样一来,整个团队都能看到吴茜的工作安排,她也可以将工作的紧急程度做出透明化处理,从而大大提高工作效率,使得她的工作有条不紊地开展起来。吴茜处理工作的能力也不断地提高,工作越来越游刃有余,没多久,吴茜因为高效的执行速度被破格提拔为经理助理,职位和工资都有所提高。

执行力拼的是速度。市场竞争日益激烈,对于员工的执行速度提出了更高的要求,要想更好地适应社会的发展,就必须有较快的执行速度,能够在众多的执行者中脱颖而出。而且,在企业的竞争中,为了形成更加强有力的竞争淘汰机制,在保证质量的前提下,速度就是判断员工执行力的一个关键因素。要想更好地提高执行速度,员工需要从以下几个方面着手:

首先,要想提高执行速度,需要员工将既定的任务列出一个时间计划表,并从中找出空闲的时间来安排其他工作任务。只有将时间进行统筹安排,充分利用每一分每一秒,才能更好、更快地完成任务,加快自我执行速度。

其次,在工作中,要不断锻炼自己的工作熟练程度。速度就是对于员工工作熟练程度的最佳体现。只有不断地学习最新、最先进的技术，才能更快、更好地完成任务。当然，这个过程中，员工要学会优先安排并处理那些复杂的任务，以求各个击破，最终快速完成任务，提高自我执行力。

再次，要学会简化不必要的执行流程。在工作中，往往有很多没有必要的执行流程，这些流程的存在会大大降低自己的执行速度，这个时候，就需要员工能够最大限度地简化这些烦琐的执行流程，从而大大提高执行速度，提高工作效率。

最后，要在执行过程中不断向老员工学习。每一个企业的老员工都是企业的财富，他们陪着企业一起发展和成长，也比新员工有着更多的工作经验。要想更好、更快地进入工作状态，提高执行速度，就必须在工作过程中不断学习老员工的方法，避免他们已经出现的执行问题，善于借助团队和他人的力量，更好地提高自我执行力，加快执行速度，尽早完成任务。

以上这些都是员工在自我执行过程中，提高执行速度的基本手段。在日常工作中，只要多加注意，将提升执行速度真正放在心里，就能够在不知不觉中，提高自我执行速度。在保证质量的前提下，用执行速度取胜。

第三节 没有行动的计划只会让人拖延

诺兰恩·布希奈尔曾经说过:"我自是行动主义者,相信跟我有同样构想的人必定为数不少,只是我能付诸行动,而他们什么也没做。"对于员工的执行力,最为关键的一部分就是员工的行动力。没有行动的计划只会让人拖延,不断耽误自己的执行进度。对于每一个计划而言,员工的行动都是至关重要的,没有行动的计划只是一纸空谈,毫无实际意义。只有将计划付诸行动,才能让执行快速地进行,在完成任务的过程中不断提升自我执行速度。总而言之,没有行动的计划只会让执行者无限制地拖延。

员工作为企业的一员,要想更好地完成执行任务,就必须按照制订的计划不折不扣地执行,而不是因为这样或那样的原因不断改变计划,拖延计划,最终致使执行无法顺利地进行。行动作为计划实现的必备条件,是加快自我执行力的关键。因此,员工要坚定地按照计划来行动,才能更好、更快地达成预期目的。

拖延是职场中的大忌。很多员工都喜欢拖延,甚至还会推脱责任,把问题留给上司。对于上级交代的任务,一名优秀的员工要学会如何更好地去执行，要思考如何根据计划采取行动，从而以最快的速度高效完成任务。但是有些员工却大张旗鼓地做表面文章，甚至都在行动中敷衍了事，或者不采取行动，一拖再拖，企图蒙混过关。这样的员工总是需要上司的不断催促才能完成任务，不仅会影响整个任务的执行进度，还会在上司面前留下不好的印象。

约翰是国内一家上市公司的员工，有着典型的外国人懒散、不受约束的个性，经常想起什么就做什么，同时也造就了他不按计划出牌、拖延的工作性格。一天上班路上，他信誓旦旦地下了个决心，一到办公室就立刻着手起草下个季度的部门预算方案。

约翰九点准时走进办公室，然后准备开始实施自己的计划。但是，在他坐下之后，觉得时间还早，而且自己的办公桌还有点乱，所以先将办公桌整理一下，为自己创造一个干净整洁的工作环境，更有利于工作的开展。就这样，他又花了四十分钟的时间来整理自己的办公桌。这样临时的计划已经打乱了他一开始的工作计划，但是约翰并不后悔。当约翰整理完以后，感觉有些累，他又坐在办公桌上，悠闲地看了二十分钟报纸。就这样，一个小时过去了，已经十点整了。

这时候，约翰感到有点心虚，因为自己已经耽误了一个小时的时间。就在他下定决心开始工作的时候，经理突然打电话过来，说要召开一个临时的部门会议，要求大家必须参加。好不容易结束了会议，他准备赶紧回去工作，却被另一个同事邀请到茶水间喝咖啡，他想了想，喝一杯咖啡也好，以免等会儿在准备方案的时候，昏昏欲睡，正好解解乏。于是，便答应了同事的邀请。等他喝完"上午茶"，回到办公室的时候，发现已经十一点一刻了。还有十五分钟就要吃中午饭了。这么一想，他便把预算书放下了，心想反正这么短的时间也完成不了这个工作，那就下午再做吧，于是心安理得地在那里坐等下班时间，十五分钟后和同事一起去吃中午饭了。

在职场上，很多人都和约翰一样，习惯性地拖延，无法真正付诸行动，结果到头来无法按照计划达成预期的目的，让计划成为一纸空谈。拖延会使得员工的工作越积越多，不仅会给心理造成极大的负担，还会失去上级的信任，对个人的职业发展前景造成巨大的影响。那么，员工如何克服拖延的习惯，将计划执行到底呢？员工要做到以下几点：

1. 开始之前做好工作统筹

对于很多优秀的员工来说，他们总是能够在分到任务的第一时间便付诸行动，用高质量的行动来完成任务，并且在行动过程中往往能够留出充分的准备和修正时间。想要具备这样的工作效率，就必须在任务开展之前充分做好统筹工作，这样即便在任务执行过程中遇到问题，也能抓紧时间进行处理。因此，要学会在制订工作计划的时候，按照事情的难易程度进行排序。

但是，在执行的时候，最好先将轻松但是必须做的事情完成，因为那些相对困难的事情花费的时间有时候是不能准确地计算出来的，这就导致简单的事情越积越多，困难的事情又做不完，而能够分清楚做事情的先后顺序，在后期行动中就不至于出现事情严重延误的情况。因此，在行动之前做好统筹工作，不要让拖延绊住自己的脚步，成为你的工作陋习。可能一时的拖延并不会造成巨大的损失，但是长此以往，就会让你付出惨痛的代价，甚至丧失与他人竞争的能力。

2. 今天的事情绝不拖延到明天去做

一旦拖延变成习惯，不仅会严重阻碍自己学习和总结的能力，还会影响工作进度。今日事、今日毕是每一个员工在执行的过程中都应该养成的工作习惯。每一个员工在结束一天的工作之前，要了解明天要做什么工作，并且为之做一个详细的工作计划，能够在第二天工作的时候投入极大的热情，解决工作中的困难和问题，不拖延不怠慢，不把原本可以在今天做完的事情拖到明天。因此，今天的事情一定要在今天做完，养成良好的工作习惯。

3. 分清楚事情的轻重缓急

当同时面对几份工作需要处理的时候，我们学会对它们进行思考和区分。分清楚哪些工作是需要立即完成的，哪些工作是重要的但不是很急的。员工可以根据四象限的工作法则对工作进行划分，将事情分为：重要又紧急、非常急但是不重要、重要不紧急、不重要不紧急。然后根据这个计划立即行动起来，以最快的工作效率来完成。只有了解到事情的轻重缓急，才能在有工作动力的情况下，不至于拖延工作，从而加强自我执行速度，快速完成计划。

4.不要让抱怨阻碍自己的行动

很多员工在接受一份任务的时候,第一时间不是想着如何快速将任务完成,而是总想着这个任务执行起来困难重重。抱怨连连的结果就是耽误了自己行动的时间,也丝毫没有解决问题。与其花大量时间抱怨,不如按照已经制订的计划抓紧时间一步步行动起来。任何事情都有不完美的地方,只要将抱怨抛之脑后,全身心快速地投入到工作中,那么,问题自然会一一解决,顺利完成任务。

第四节 快速执行从消灭借口开始

在职场中,面对上司分配的那些看起来难以完成的任务,很多员工都会向周围的朋友、同事甚至上司抱怨:"这项任务太难了,我肯定完成不了。""这件事难度太大了,我胜任不了。"这种情况最终导致员工不仅耽误了完成工作的时间,使后期完成的时候时间更为紧张;还给同事或者上司留下不好的印象。因此,不找借口,勇于挑战高难度工作,快速执行任务才能成为公司最有价值的员工,才能在众多员工中脱颖而出,继而得到上司的青睐。

一流的员工找方法,三流的员工找借口。在执行中,只有找到方法,快速地执行，才是消灭借口的开始。加快自我执行速度，就要学会在工作中，不找借口。快速执行要求员工没有这样或那样的借口，将借口消灭掉，付诸行动，才能更好、更快地完成任务。那么，如何消灭借口，全身心快速地投入到任务执行中呢？员工可以参考以下几点：

1. 努力提升个人素质和工作能力

在日常工作中，要想消灭借口，就要不断提升自己的个人素质，充分意识到自己的责任感，能够在第一时间想到如何执行这项任务，而不是找各种各样的借口来逃避，以至于最终无法高效地完成任务。而且，很多借口都会影响任务的顺利完成。

王磊和陈新是一家公司的设计师助理。在工作中，由于自身经验和能力问题，两人的工作内容经常是帮助设计师处理一些设计方案上的小问题或细节方面的检查。王磊总是对此不屑一顾，安于现状，感觉自己现在这种状态很好。而陈新总是很认真地完成任务，并且私下总是不断向设计师或者周围其他同事请教和学习设计方面的一些知识。

有一次，设计师给出了一个对于他们来说，有点难的设计要求，希望他们用一周时间做出一个完整的可行性方案。在接到任务之后，王磊感觉超出了自己的能力范围，心想："以自己的能力肯定不能很好地完成，还不如现在找借口推托，等学好之后，更好地完成，而不是现在丢人。"于是，他就找到设计师，用各种理由推托了这项任务。但是陈新就不一样了。他在设计师给出设计要求的第一时间就开始对方案进行思考和设计，在他的意识里，这就是自己的工作。于是开始夜以继日地进行方案的设计，有不懂的就向周围人请教，最终，在一周以内，紧赶慢赶地做出了一份不太完美的设计方案。

一周之后，设计师通知王磊被辞退了，并说道："作为企业中的一名设计师来说，交给你的任务就是你在这个公司的责任，设计要敢想、敢做，而不是找各种借口推托。虽然，陈新的方案不够完美，但是，假以时日，陈新一定是一位优秀的设计师。而王磊，你在这场考试中显然放弃了自己的职责，放弃了这场考试，自然就要面临淘汰的风险。"

所以，要想消灭借口，快速地执行，就必须不断加强自身的责任感，认识提高自己的分析、判断以及执行能力，改变遇事就退缩不前的不良习惯，自动自发地做好本职工作。也要不断学习更新、更先进的知识，提高自身技能，在执行任务过程中，能够千方百计地消灭问题，而不是千方百计地寻找借口。只有不断提升自我的工作素质，提高自己的工作能力，才能在接到任务之后更好地完成。

2. 认识的高度决定了执行的速度

对工作认识的高度自然决定了执行的速度。对于上司下达的任务，员工充分认识到这项任务的重要性，就能从内心深处认同这项工作，从而不找借口推托。如果认识不到位，就不能很好地领会上司的意图，这样，即便完成了工作任务，也容易再出现跑偏现象，获得的结果往往与上司的要求相去甚远。因此，要想提高自我的认识高度，员工必须要将思想的认知高度和上级的决策高度相统一，这样才能在执行工作任务的时候，真正放开手脚，按照计划向着目标快速执行。

3. 有着高效执行的信念和心态

作为企业的一名员工，要明白企业雇用你的目的是解决问题，而不是在完成一项任务的时候推三阻四，寻找各种借口，这显然不符合职场的生存规则。员工要想在职场中得到更好的发展，就必须时刻从心里到行动上都谨记"没有任何借口"的口号，明白公司雇用我们的最终目的是来解决问题，而不是制造借口的，只有那些无条件地快速执行任务的员工才能真正得到老板的青睐，而对工作找各种借口的员工迟早被老板辞退。因此，员工要想快速执行，不找任何借口，就必须具有高效的执行信念和心态，能够在工作中善于发现问题，解决问题，从而不断提高工作能力，提升自己的人生价值。

4. 加强纪律观念的培养

快速而有效地执行是建立在服从纪律的基础之上的。没有纪律就没有服从，没有服从就没有执行，遵守纪律是快速执行的前提条件，也是摒弃借口的关键。因此，员工必须加强自身对于纪律观念的培养，遵守公司的各项规章制度，不拖延，不找借口。要知道，只有严明的纪律性才能督促自己更加快速地执行工作。

以上就是员工在快速投入工作中消灭借口的方法，也是员工加快自我执行力必须做到的几点。只有不找任何借口、不推托、不推诿，才能更好地完成任务，并且逐渐培养和提升自我执行力，成为一名卓越而出色的员工。

第五节 打铁要趁热，执行要趁早

俗话说得好："打铁要趁热"，意思就是铁要趁烧红的时候打，也就是要抓住有利的时机和条件去执行。对于企业来讲，市场竞争异常激烈，企业与企业之间的竞争就是跟时间赛跑，只有那些先人一步拿出成果的企业才能捷足先登，抢占市场。对于员工来讲，不同的员工执行同一项任务，可能都会拿出同样的结果。但是，能够最先拿出执行结果的员工自然会受到更多的关注，也更有利于提升企业的市场占有率，能够得到上司的赏识。

打铁要趁热，执行要趁早。执行的过程就是一个解决问题的过程，只有抓住有利的时机和条件去执行才能占据有利的地位，达到最佳的执行效果。一般来说，执行一项任务，在结果相同的情况下，最早完成任务的员工能够受到更多的重视。而晚点执行或者没有占据有利的执行时间，就达不到最佳效果。因此，员工在执行中，要选择有利时机，趁早执行，达到最佳执行效果。

沈琳是一位名不经传的小会计，在一家大型的上市公司任职。作为企业中微不足道的一员，沈琳并没有受到大家的关注，渐渐成为大家的打杂小妹。很多人都喜欢让她帮忙复印或者打印文件、整理数据，她始终没有怨言，也一直勤勤恳恳地工作，并且抓住一切机会学习，有不会的就请教周围的老员工。就这样，大家开始接受她，并且愿意传授一些经验和方法。沈琳抓住这个机会，学到了更多的东西，在同批次进来实习的员工中，沈琳是最累的，但也是能力最强的。

这一天，财务经理进来，交给几个实习生一份财务报表，让她们在明天下班之前整理出来，给自己一个结果。几个实习生拿到这份财务报表之后简单地浏览了一下，都感觉时间还早，不用那么着急。但是沈琳认为，还是尽早完成比较好，因为马上到月底了，这份财务报表应急需，正好今天很多老同事都比较轻松，不会的可以当面请教，明天再弄可能会耽误时间，老员工明天也要开月度总结会，就没有时间教自己了。于是，她一边利用自己之前学习的东西，一边向那些老员工请教，终于在下班的时候将这份报表整理完成，交给了经理。

经理看到沈琳这么快就完成了这项任务，很惊讶，也很高兴，并说道："正好明天要开月度总结会，会用到这份报表，本以为你们完不成呢，这下正好可以对我的报告做一个数据支持。第二天，当别的实习生焦头烂额地进行财务报表分析，情急之下找不到老员工帮忙的时候，沈琳已经开始下一项工作，并受到了经理的表扬，在实习期结束之后，理所应当地成为这家公司的一名正式员工。

案例中，沈琳最终之所以能够打败其他实习者，正式成为这家公司的一员，就是因为她善于抓住时机，学到比别人更多的东西，并且在执行上级指派的任务时，没有被时间束缚住，而是抓紧有利时机，尽早执行。只有这样，才能在提高自己执行力的同时，不断提高工作效率，最终成为一名卓越而优秀的员工。那么，如何更好地抓住有利时机，趁早执行呢？员工要做到以下几点：

1. 建立积极、强烈的求胜欲望

在执行中，支撑员工不断进取的行动源泉就是积极、强烈的求胜欲望。没有想要实现的目标、完成任务的欲望，就无法将任何事情做好、做出色。只有产生实现既定目标的欲望，才能以自主自发的态度，全身心地投入到工作中，将潜能发挥到极致，执行的效率自然会大大提高，锻炼出超强的自我执行力。

2. 培养良好的分析、判断和应变能力

任务下达后，员工不仅要快速执行，还要学会抓住有利的时机。机会不是每时每刻都有的，只有那些做好准备的人才能抓住机会。要知道，在当今社会中，客观的环境和市场的形势是不断变化的，机遇与危机并存，这就要求员工必须根据对于当前形势和发展趋势的分析，对未来的形势做出准确的判断和预测，准备好应对方案，也能更好地执行。计划永远赶不上变化，生活和工作中难免遇到一些突发事件，这时候要进行理性分析，做出准确的判断和果断的决策，积极应变，让执行达到最佳效果。

3.具备较强的学习、思维和创新能力

很多员工之所以无法抓住有利时机，快速执行，根本原因就是自身能力不足，没有充足的自信心来完成任务。员工只有不断学习最新的知识，提高能力，才能跟上时代的步伐，在接受任务的第一时间，能够有较强的能力来完成任务，而不是面对任务，踌躇不前，无法勇敢接受。因此，要想加快自我执行速度，抓住有利时机，快速执行，员工需要具有较强的学习、思维和创新能力。

员工要想加快自我执行速度，并且达到最佳效果，就必须做到以上几点，抓住有利时机，趁早执行。只有真正明确执行力的意义，摒弃一切杂念，才能快速执行。所以，新时代的员工要想做好时间规划，掌控自我执行时间就要学会抓住有利时机，抢占先机，尽早执行。

第七章
执行过程的把控力:提高自我执行质量

不管从事什么工作,在执行中,如果半途而废或者没有执行到位,都将毫无意义。员工执行的最终目的是想得到一个结果,而结果的好坏关系到员工执行力的高低。员工要想提高自我执行质量,就必须掌握执行过程中的把控力,将执行到位贯彻到底,才能规范执行过程,达到最佳的执行效果。

第一节　三思而后行，过程灵活把控

商场如战场，瞬息万变，每一个企业都想在战场上成为最大的赢家，所以管理者要求在员工执行任务过程中，成为最能把握市场变化的人，真正做到三思而后行。只有尽快适应公司的发展战略，学会应变进而在执行中不断根据实际情况调整自己的工作，才能真正掌握执行过程，提高执行质量。因此，员工要想成为一个卓越而有着高效执行质量的人，就必须做到灵活把控执行过程，三思而后行。

对于一项任务来说，其目标和结果都是有要求的而且是固定的，只有执行的过程是灵活多变的，可能有各种意外情况发生，如果无法好好地执行，可能还会影响最终结果，达不到预期的目的。这就需要员工能够在执行之前三思而后行，在过程中灵活把握，提高执行质量。那么，如何在执行中三思而后行，灵活把握过程呢？员工需要从以下几个方面入手：

1.学会改变思路，提高灵活应变能力

在工作中，遇到问题和阻碍是常有的事，但是学会变通，可以开阔思维，活跃大脑，能够提高个人的应变能力，才能在执行任务的过程中更好地靠近目标和结果，实现自我执行质量的提高，进而取得非凡的业绩，给企业带来经济效益。懂得变通才能在执行过程中，灵活把握，少走弯路，避免陷入故步自封的误区，能够更加高效地完成任务。学会改变思路，在遇到问题和阻碍的时候，能够灵活应对，员工才能更好地靠近工作目标，最终提高自我执行质量。

　　李凡一直在一家大型连锁超市任职，原来他所在销售区域的商品一直卖得很好，但是由于前段时间调整货架位置导致这个月的销售任务没有完成。原来在超市里最受消费者欢迎的货架位置就是那些与消费者目光平视时上下约1.2米范围内的明显处货架。因为这个位置正好可以给消费者的视觉留下第一印象，而过高和过低都不利于消费者寻找和观察商品。但是，作为一名营销人员，李凡心想："自己不能将销售的问题全部归结到货架上，难道就没有更好的销售办法吗？"

　　李凡于是开始认真思考这个问题，自己要通过后天的优势来弥补货架摆放上的不足，达到预期的营销效果。于是，李凡开始学习装饰自己的货架，把角落区域的货架用气球装饰起来，并且取名"吉祥洞"；还设计了各种各样的促销活动，通过一些微小的折扣，让消费者将目光集中到那些角落货架，即货架的上面和下面两层，让自己区域的销售额很快恢复到了以前的水平，甚至后期还有超过原有销售额的趋势。

　　案例中，李凡所在区域的销售额之所以能够恢复到和原来一样，就是因为李凡在执行过程中，没有因为一点点变化而选择放弃，而是通过变通，思考自身的原因，在慎重的思考之后，通过改变思路，重新引起消费者注意，达到了更好的销售目的。因此，员工在执行过程中，要学会灵活应变，变通思路，就会达到意想不到的执行效果。

2. 要对执行任务和目标有透彻的领悟

每一项任务在开展之前，员工都要明确自己在执行中要做的是什么，想要达到什么样的程度和效果。只有任务和目标明确了，才能三思而后行，在执行中更加灵活地把控每一个步骤，更加坚定执行的方向和重点。当然，尽管每一个员工在工作中，或多或少会遇到困难，也可能会一帆风顺，但是有一点是相同的，在开展工作之前能够做到深思熟虑，将可能出现的因素影响和干扰考虑周全，并对执行任务和目标有透彻的领悟，就能更好地以结果为导向，不断提高自我执行质量，直至最终完成任务。

3. 尝试从不同的角度去执行

执行过程的最终目的是通向结果，那么，只要最终达到目的，执行的过程自然可以有不同的角度。只要每多一种方法，就可以增加一条通往目标的道路。当你一条道路走不通的时候，可以灵活地转变思路，多一种选择，多一份成功的机会。就好像大家都熟知的一个道理"两点之间，直线最短"，但是有时候弯曲的线段也可以将两者相连，当直线走不通的时候，弯曲路线也是当前情形下实现成功的一种最佳选择。员工在两者不能以最快、最好的方式相连的时候，要灵活转变，学会选择另外一种方式来达到执行目的。

灵活把握执行过程就要在执行过程中，以结果为导向，掌控执行过程，不断提高执行质量。员工要想更好地提高执行质量，就要适应当代社会激烈的竞争，面对日新月异的变化而不害怕、不退缩，将本职工作做好，无论是进行灵活的变通，还是慎重地考虑转换方式，都要达到预期目的。

第二节　执行要有方，用科技改善工作流程

21世纪，科技已经在不知不觉间影响着企业的发展和员工的工作，尤其是计算机网络、智能手机等技术和设备在日常生活中普及，成为改善执行流程的重要方法。而对于每一项任务来说，执行都有一个属于自己的工作流程。要想执行到位，就必须具备科学的执行方法，能够用科技来改善工作流程，才能更好地掌控执行过程，提高执行质量。

工作流程就是通过一个或者一系列有规律的行动，这些行动以特定的方式执行，从而导致特定结果的出现。但是随着科技的不断发展，在执行过程中，如果流程不能随着变化而不断调整和改善，显然不适合时代的发展要求。因此，员工在执行任务过程中，要想通过过程把控来提高执行质量，就必须具备科学执行的方法，通过科技来不断改善工作流

程。那么，员工在执行任务过程中如何用科技来改善工作流程呢？具体方法如下：

1. 不断充实自己，学习最新、最先进的知识

近几年，随着各大企业智能机器人的不断出现，科技受到了越来越多企业的重视。而员工要想更好地利用科技来为自己服务，就必须重视学习的作用。学习是每一个人的毕生追求，时代在发展，社会也在不断进步，没有哪一个员工可以在职场生涯中，不学习就能够适应与时俱进的发展要求，能够在职场中更好地生存和发展。对于每一个员工来说，要想更好地完成工作任务，就要学会让科技为自己服务，借助科技改善自己的工作流程。

严睿是一家上市公司的主要技术人员，随着社会的不断发展，严睿在进行技术研究的时候，越来越感觉力不从心，很多时候，都没有一个更好的思路，根本无法达到总监的要求，但是看到周围的同事也是这种情况，并且他们都不断地劝解自己，是现在市场的要求越来越复杂了，不是我们的问题，没有必要这么苦恼。严睿经过一番思考，认为自己应该继续学习，从而使研究更加轻松，而不是成为自己的一个负担。

于是，严睿决定充实自己，开始大量阅读相关书籍，并且提出了一年停薪留职的申请，准备亲赴国外学习，强化自己的知识和能力。通过一年的学习，严睿终于掌握了国内外最新、最先进的知识，重新回到公司后，突破了一项又一项研究，使研究变得更加轻松。不久之后，他荣

升为公司的技术总监。

由以上案例可以看出，严睿的成功与他不断充实自我、学习知识从而让执行更加具有科学性有密切关系。科学的方法能够让员工在执行工作任务的时候不仅可以不断适应企业发展的要求，更能够使执行达到事半功倍的效果。方法固然重要，但是，能够想出好的方法，还是要通过自我知识的提升才能实现。要想达到更好的执行效果，还要求员工必须不断地充实自己，学习最新、最先进的科学知识来找出最佳的执行方法，能够更好地改善执行的工作流程。因此，在执行过程中，要将科技融入其中，并寻找更加符合自我特点的执行方法，从而大大提高执行质量。

2.用全面、发展的思维来思考问题、决定过程

在互联网飞速发展的今天，要想有更好的发展前途，就必须用全面、发展的思维来思考问题，决定执行过程。拥有全面的眼光可以在执行中更加理性地看待问题，不至于受到固有思想的束缚。而具有发展思维能够让员工将那些最新、最先进的科技和自己的工作结合起来，更好地改善执行的工作流程，提高执行质量，在实现自我价值的同时，促进企业的发展。

科技在不断发展，员工也要不断创新，与时俱进。只有在企业的发展中，真正用全面、发展的思维来思考问题，将科技融入执行过程中，不守旧、不推诿，能够用最新、最先进的方法来执行，让执行的结果和时代的发展结合起来，更好地把控执行过程，提高自我执行质量。

3. 认清自我，学会反思

很多员工都有强烈的自我满足感和认同感，以致无法真正认清自我在执行过程中的缺陷，无法用更加科学的方法来执行。不断反思自我执行过程，能够将科学的方法和执行结合起来，更好地改善工作流程，让科技为执行服务，大大提高执行质量。要真正反思自己的执行过程，看是否能够用更加科学的方法，结合最新的科技来更好地执行。只有这样，才能获得自我执行方法，借助科技改善工作流程。

科技是时代进步的标志，也使得互联网时代下企业对员工提出了更新、更高的要求，员工就必须重视科技的作用。只有寻找更加适合自己的方法，不断与时俱进，将科技融入其中，才能更好地达到预期效果。总而言之，要想成为企业中一名卓越而优秀的高效执行者，就必须不断学习最新的科学知识，提升自我能力，改善工作流程，才能加快提高自我执行质量，达到预期结果。

第三节　最好的执行依赖于创新

创新是提高工作效率的关键因素，也是更好地完成执行的必备条件。在当代社会，科学技术迅猛发展，使得科技的创新受到了越来越多人的重视，对于员工的个人发展也起了重要的作用。员工只有以新思想加上行动才能更好地去改善旧有的、不再适应新时代发展要求的工作过程，才能加快执行投入力，达到预期的执行效果。

企业要求员工争做创新型人才，也提倡树立创新的观念。员工在执行中，真正将创新和执行结合起来，才能在激烈的市场竞争中占有一席之地。创新作为提升自我执行力关键因素，能够在执行过程中用最先进、最佳的办法来更好地执行。

肖朔是一家厨具设计公司的员工，去年，他在公司里研制出了新型的不粘锅——水净锅，以价格优惠又使用方便受到了市场的一致好评。年底大会上，公司嘉奖他为创新能手，他自己也很有成就感，并且暗自发誓要不断设计出大家都想不到的新东西，争取将最好的创新产品带给大家。

前段时间，他放假回老家的时候，发现家里有一口摔裂的锅的花纹特别好看，于是他联想到，公司目前正在研究一种更加新型的锅，自己可以在其中加入一些花纹，让这个锅看起来更加别致。回到公司，肖朔马上将自己的想法告诉了经理，经理对他的创新精神给予了肯定。但是，经理随即说道："将花纹纹在锅底，可能只具有美观性，没有较大的实用价值，要想让创新的想法被接纳，就必须更加全面地考虑实际情况，你再想想给我一个完整的方案。"

肖朔回去之后，就开始仔细思考经理的话，的确，在锅底设计花纹，虽然好看但不实用，尤其是锅底的花纹还可能藏着好多饭粒，不利于清洗。肖朔心想，既然锅底不适合使用花纹，但是锅的上部边缘和外面可以设计一些自己公司的LOGO，在不影响使用的情况下，达到最佳的美观效果，既能形成自己的产品特色，还能无形之中对自己企业的品牌进行宣传，一举两得。在肖朔向经理报告之后，果然自己的想法得到了大家的一致认同，并且在当年成功投入市场之后，受到了消费者的广泛欢迎。

案例中肖朔是一个具有很强创新精神的员工，敢想敢做的执行是非常值得肯定的。虽然在创新过程中难免会遇到一些问题，但是如果能够结合实际情况，更好地在执行中运用创新就能使问题迎刃而解。最好的执行是创新，让创新为执行服务。创新作为新时代下的发展要求，只有将其和执行结合起来，才能更加高效地完成工作。那么，如何做到科学的创新，让创新为执行服务呢？员工要从以下几个方面着手：

1. 结合实际情况，重视实践

实践是创新的基础，也是创新过程中不可忽视的事情。创新的最大目的是让执行更加方便和顺利。因此，要想达到最佳的执行效果，就必须依赖有效的创新，让创新符合实际情况，在实践中更好地达到执行的最终目的。最好的执行依赖于创新，但是却不能让创新成为不切实际的空想。

只有将创新的思维和实践高度结合起来，才能在执行中更加符合企业的发展要求。创新不仅仅是想法新奇，还要考虑是否符合实际的需要，能够深入理解究竟什么样的创新方式才是执行过程中所需要的。不能说别人没有的、不切实际的东西自己想出来就是创新，那样显然是不符合执行要求的。所以，创新要结合实际情况，重视实践，才能有利于员工执行。

2. 做有心人，多听多看多感受

想要成为一名卓越的员工就需要有高效的执行力，就要在执行工作过程中针对所要解决的问题多看、多问，并且多感受。只有员工成为工作中的有心人，能够用全面的思维来看待问题，能够分析出究竟在执行中需要什么样的创新，然后，亲自走出去，观察客户和用户的实际需求，才能更好地了解这个方案能否达到人们的期望值，或者是否符合人们的习惯。只有这样，才能让执行的效果达到最佳。

3. 可以模仿，但是更要学会思考

在进行创新的时候，并不是要凭空的臆想，而是要根据实际的情况，有着一定的创新触发点。很多时候，员工实现创新的第一步都是从模仿别人开始的。这并不是不可取的，模仿式的创新能够让员工在模仿运用别人创新成果的过程中对自己的执行有所启发，这个时候，就需要进行深入的思考，试想一下，为什么自己没有想到这种方法？是否还有别的思路可走？要学会思考并珍惜自己的新想法。只有在模仿中学习，在思考中进步，才能让创新更加科学有效，让员工在执行任务的时候更加高效。

创新是科技发展的要求，也是高效执行者的必备需求。但是，要知道，实践是创新的基石，员工必须重视实践的作用。只有真正多看、多听，并在执行中亲身感受，才能实现最终的执行目标。所以，在执行过程中，只有不断创新，将最先进的技术运用其中，才能更好地提高执行质量，成为一名优秀员工。

第四节　突破思维定式，另辟执行蹊径

员工在一个环境工作久了，就会形成一定的固有思维，这就是惯性思维，也可以称之为思维定式。这种思维方式的出现使得很多员工都习惯于从固定的角度来观察、思考事物，用固定的方式来接受事物，然而这却是执行工作任务过程中开发创新思维的天敌。因此，对于员工而言，如果在执行工作过程中一直故步自封、墨守成规、坐以待毙，那么，就无法冲破传统观念的束缚，只有突破思维定式，真正另辟执行蹊径，才能实现自身的超越，不断提高自我执行质量。

《首席执行官》曾经刊登过这样一个小故事：

"联合利华引进一条自动香皂包装生产线，结果发现这条生产线常常出现漏包现象。总不能把空盒子卖给消费者吧，他们只好请了一个学自

动化的博士，组成一个科研攻关小组，综合采用机械、微电子、自动化、X射线探测等技术，花了几十万，最终研发出一套装置：当生产线上有空香皂盒通过，两旁的探测器会检测到，并且驱动一只机械手把空皂盒推走。无独有偶，中国南方一家生产香皂的乡镇企业也遇到了类似问题，老板发现后大为吃惊，找了一个初中毕业的小工来，说："你给我把这个搞定。"小工将一台电风扇放在装配线的一端，对着传送带猛吹，空皂盒自然被吹走，问题随之解决。"

这个小故事虽然很短，但是却有着很深刻的教育意义。知识的积累、经验的丰富在现如今反而成为员工发展的阻碍。在执行过程中，一旦遇到问题，很多人总依靠固有的模式来解决问题，用固有的思维定式来思考问题，从来没有想过去突破思维定式，创造性地另辟执行蹊径。因此，突破思维定式，另辟执行蹊径，就需要员工做到以下几点：

1. 思想决定行为，解除思想的束缚

人的行为在很多时候，都是受到思想影响的。在21世纪，社会飞速发展的今天，思想的解放已经成为时代的要求。科技的不断发展使得越来越多旧有的思想不再适合如今企业发展的要求。作为员工，要想更好地在企业生存和发展，成为企业的高效执行者，就需要解除思想的束缚，在适应时代发展需求的前提下，用更好的执行方法来完成工作，而不是坚持已有的、固定的执行方式。时代在进步，企业也要不断地发展，只有找出适应现有需求的发展方式，才能推动企业可持续发展，自己也能从众多员工中脱颖而出，受到老板的青睐。

2. 懂得变通，学会变通

变通是突破思维定式最为关键的方法。员工要想在企业更好地生存，更好地完成任务，就必须懂得变通，学会变通。盲目地守着固有的思维，盲目地坚持，最终失败就是必然的。员工在工作中，不可避免地会遇到一些未知的困难和阻碍，这时候，就需要根据实际情况，来审时度势，必要的时候，选择更好的方法来完成任务。而不是固执地坚守已有的理论和思维方式，最终使得执行无法达到预期的效果，得不偿失。所以，员工要想提高自我执行质量，就必须学会变通，突破思维定式，寻找最佳的执行方法，从而达到最佳的执行效果。

3. 识别自身优劣，正确认识自己

突破思维定式的一个关键点就是要了解自己的思维定式是什么，这就需要员工能够识别自身的优势和劣势，正确认识自己。只有对自己有一个全面的认识，才能在执行中更好地明白自身具有哪些优势和劣势，进而发挥自己的长处，改进自己的缺点，根据自身特点采用更加符合自身发展以及企业发展所需要的最佳执行方式，一方面可以更好地推动企业的长足发展，另一方面可以不断提升自我执行能力。

萧伯纳曾经说过："明智的人使自己适应世界，而不明智的人只会坚持要世界适应自己。"一个员工只有突破自己内心狭隘、单一的思维定式，学会适当地变通，才能更好地适应环境，为自己创造更多的机会，最终实现自身的超越。因此，只有突破思维定式，才能另辟执行蹊径，提高执行质量，这也是提升自我执行力的有效办法。

第五节　细化与优化流程，高效运行保障全面执行

众所周知，知识的脉络图能够体现出完整的知识体系和脉络，使得看到的人对于其上的知识点一目了然。而流程的细化和优化就如同知识脉络图一样，先将整个知识点进行细化的分解、再分解，然后在里面填充信息，不断完善；优化就是将知识脉络图中那些多余和不必要的东西剔除，将技术能够弥补的部分也剔除，留下一个简化的、性质有效的流程，从而保障全面执行的高效性。

在科技日益发展的今天，流程作为整个执行过程中的重要方向，对其有着强烈的约束作用，而执行过程的细化和优化能够使得执行流程的约束力更有力度。要想提高执行质量，就必须学会细化和优化流程，从而保障执行的高效性。所以，执行流程的细化和优化能够使得执行过程更加科学、更加有序。

在日常工作中，很多员工无法达到预期的执行效果，就是因为流程没有细化和优化。在工作中，流程不够清晰、目标不够明确、达到的结果情况不一、执行的效果质量不同等诸多状况都可能影响执行的质量。

总而言之，要想达到最佳的执行效果，流程的优化和细化是非常必要的。那么，员工如何更好地对流程进行细化和优化，从而高效运行保障全面执行呢？大家可以参考以下几点：

1. 了解整个工作流程是细化和优化的前提条件

员工要想对流程进行细化和优化，就必须熟悉整个工作流程。只有熟悉整个工作流程，才能避免因为不了解流程而造成的损失，更能避免流程细化和优化过程中，做出的无用功。

某知名大学毕业的张先生是华为公司培养的第一批博士后成员。在进入华为公司不久，就因为研制出一种当时急需的软件而被任命为开发部经理。并且在两年之后，公司又让他去负责软件工作。同年，张先生又被任命为产品经理，负责开辟市场和开发新型产品。就这样，当张先生再一次步入职业正轨的时候，他又去负责某研究项目组的工作。

张先生经过一个大的轮回，又成为华为研发部的一名员工，很多人都为他不值。但是张先生却不这样认为，他从原来的埋头做研发，到深入市场、了解市场，最后又回到了科研上面，虽然转了一大圈，但是却让张先生对于华为的工作流程有了更为深刻的认知，也熟悉了华为的工作流程，在不断将流程细化和优化之后，张先生的工作效率和工作质量都在很大程度上得到了提高。

华为作为现如今国内数一数二的知名企业，在进行员工管理的时候，为了避免研发人员只追求技术的新颖、先进，却在研究中缺乏对市场敏感性的重视，硬性规定每年必须有一定比例的研发人员去做市场调研工作，有一定比例的市场人员去做研发工作，让执行的流程更加清晰、明确，从而更好地实现流程的细化和优化，这也是华为对于全体员工的一致要求。所以，员工要想对流程更好地进行优化和细化，就必须了解整个工作流程。

2. 详细、细致是进行流程细化的必备要素

流程详细、细致要达到什么程度呢？就需要员工将每一个动作在流程中得以完整的体现，一个动作对应一个结果。只有这样，才能使得流程的优化和细化达到最佳的效果。只有真正将每一步流程进行优化和细化，才能对整个流程的实施方向和侧重点有更加清晰的认识，进而对流程的优化具有帮助。

当然，流程的详细、细致也必须坚持适度的原则，否则就会得不偿失。细化和优化流程是为了使执行的过程更加趋于标准，也更加具有可操作性，从而不断提高执行的效率和质量。如果流程过于细分就会使得流程变得烦琐，影响流程的效率。而流程的优化也要考虑任务执行的实际情况，要在不影响执行过程的情况下，使流程更标准、更具有操作性，这就要求员工要把握好其中的度。

3. 流程的细化需要循序渐进，层次分明

在流程细化的过程中，员工要做到分清层次，循序渐进，使得执行的流程具有很强的逻辑性。要想在繁忙的工作中，做到流程的细化，就

需要对工作进行有层次、有逻辑性的安排，能够在分清事情轻重缓急的情况下，还不会对具体的流程有所遗漏，并且最大限度地节省时间，提高工作效率和质量。流程在整体上进行大的调整或者复杂的细化过程，都涉及较大的工作量，这个过程可能涉及的内容是方方面面的，想要一蹴而就是绝对不可能的。即使强行完成了，也不可能达到细化流程的预期目的。

如果在连接一条直线的时候，点越多越密集，连接得就越顺利。流程也是如此，流程越细，就越清晰，让每一个步骤都按照流程进行，最终达到预期目的。因此，流程的细化是非常有必要的，要学会进行合理的安排，循序渐进地优化。要知道，循序渐进、有层次、有逻辑性地进行流程细化能够最大限度地提高执行效率，达到用规范的流程保证执行效果的完美性。

4. 流程细化要为流程的优化做充分的准备

流程细化之后的执行过程更加便于流程的优化。在细化流程的过程中，员工不可避免地会遇到很多细节性问题。这个时候，就可以对流程的细化过程进行不断的优化和完善，最终使得执行更加具有高效性。同时，流程细化的过程还是对执行流程进行剖析的过程。这个过程中，要对每一个环节和步骤都进行全面解析，也就能对其存在的原因和意义进行深度挖掘，从中找到可以精简的部分，通过流程的优化，取其精华，弃其糟粕。

优化流程是一个去粗取精、去伪存真的精简化过程，在这个过程中，员工要通过对流程的简化,留下有效的流程来达到最佳的预期效果,增强每一个流程的实用性和可操作性。因而,员工在对流程进行细化之后,还需要对其进行不断优化、完善和丰富,使其不断适应时代发展的需求,与时俱进,跟上市场竞争的步伐,保障企业更加高效地运行,从而保障自我执行力的全面提升。

当然,在流程细化和优化过程中,员工要做好充分的心理准备,这是一个持续、长久的过程。时代在不断变化,外部环境、因素在很多情况下都会发生改变,如果自己停滞不前,那不是不进步的问题,而是等于倒退。只有将流程的细化和优化不断坚持并持续下去,才能提高自我执行质量,从而提升企业的执行力,促进企业不断发展。因此,要想成为一个卓越、有着超强执行力的员工,就必须不断进行流程的细化和优化,维持企业的高效运行,为全面顺利、高效执行工作任务提供强有力的保障。

第六节 工匠精神提升执行完美度

在当今社会,心浮气躁已经成为时代的一个显著标志,追求"短、平、快"带来的即时利益,从而忽略了产品的品质灵魂。而精雕细琢、精益求精的工匠精神在近几年中被大众所认知，开始受到越来越多管理者的重视，也成为他们对于员工自我执行能力培养的一个重要要求。因此，工匠精神的存在能够提升员工执行力的完美程度，更好地提高自我执行质量。

任何企业都想拥有具备完美执行力的员工，对于员工来说，不断提升执行的完美度，是实现自我价值的最佳途径。每一个进入职场的员工，在工作岗位上做好、做完美是实现自我价值的必经之路。无论是初入职场的新人，还是经验丰富的老员工，都要具备精益求精、严谨、耐心、专注、专业、敬业的工作态度，不断提升执行的完美度，成就更加卓越的工作表现，成为企业卓越而出色的执行者。

李京初中毕业后，考上了数据机床技校。在中国的主流观念中，技校的地位远不如大学。但出身工匠家庭的李京热爱技术工人的工作，对自己的未来也有清晰的规划。事实证明，他选择了最适合自己的道路，也走出了一片天地。

刚开始，李京只是一名普通的车间技术工人，但他爱岗敬业，不仅刻苦钻研钳工技能，还自学了焊工、电工的本领，这使得他很快成了公司内的"多面手"。

李京不仅始终坚持认真严谨的工作原则，还经常突破常规，琢磨更好的技术方法。这两种典型的工匠品格，为他后来的发展起到了至关重要的作用。

后来，公司为了掌握更加先进的技术，需要挑选一名技术工人进修学习。一直对工作热情满满的李京脱颖而出，成功入选。经过刻苦钻研，李京很快就掌握了这门要求极为苛刻的技术，连很多专家都不禁对他竖起了大拇指。

经过这次培训，李京成为公司的高级机床人员。没多久，他当上了车间主任。但他很快又向领导请求解除主任职务，因为他对管理不感兴趣，希望继续做自己最擅长的技术活。这个看起来有点不理智的决定，恰恰反映出李京对技术的热爱。

李京的志向是在技术领域成为专家中的专家，把工作做得精益求精，正是对技术岗位割舍不掉的热爱，所以李京能一心一意搞好技术，放弃了升职的机会。

由以上案例我们可以看到，李京正是对技术精益求精的追求才能够有着更为强大的执行力。员工要想得到更好的发展，就必须培养精益求精的工匠精神。只要员工更专注地从事一项工作，真正以敬业的态度来更好地为公司的发展做充分的思考和准备，在自己的岗位上做到最好，就一定能够实现个人价值，扩宽自己的职业发展道路。那么，员工如何培养工匠精神来不断提升执行的完美度呢？可以参考以下几点：

1. 学会换位思考

工匠精神的一大特点就是需要员工具有精益求精的工作态度，而精益求精的态度需要员工不仅要站在自己的角度来思考问题和开发产品，还需站在客户的角度来思考问题，甚至老板的角度来考虑实际情况，从而让自我执行更加符合企业的发展要求，与时代更为接轨，不断提升执行的完美度。因此，只有学会换位思考，才能在工作中以主人翁的心态工作，用更好的精神状态达成最佳的执行效果。

2. 不断进行自我优化

要想具备工匠精神就需要员工在不断的自我优化中而逐渐完善自己，无限地接近理想中的自己。执行的结果也需要不断地进行优化和完善，无限地接近预期、超出自己的预期、超出他人的预期，不断提升了执行的完美度。作为现代企业的员工，效率已经不是企业对于员工的唯一要求，用更加完美的工匠精神来完成任务已经成为新时代下的企业对员工的新要求。因此，不断地进行自我优化才能用更加精益求精、严谨、敬业和专业的态度来完成任务，同时不断提升执行的完美度。

3. 让执行有标准可循

企业的规章制度是员工工作和行为的准则与标准，也是影响员工执行力的关键因素。员工只有按照标准的规章制度不折不扣地去执行，才能保证每个人对自己工作任务的绝对执行，保证每个工作环节正常完成。每位员工作为企业中的一员，都要有超强的耐心和对于标准的认同感。企业为了让员工更好地执行，必然有很多利于执行的标准。只有保证自己在岗位上的工作无差错、无拖延，并需要有超强的耐心、细心和决心才能够高效完成任务，并且按照标准执行，不断提升执行的完美度，进而实现预期目标。

4. 做好自我情绪管理

精雕细琢、精益求精的精神理念对于员工的执行提出了更高的要求，也就意味着员工需要拿出更多的耐心、专业精神来不断完善自我执行力。而员工自我情绪的把控和管理能力，是保证以平和的心态来执行工作任务的重要因素。只有在成功的时候不骄傲，在失败的时候不后退，不断地提高自身能力，才能在执行过程中改进和完善执行方式和流程，使执行的完美度得到更好地提升。

员工只有做到以上几点，才能更好地用工匠精神来提升执行的完美度。对于员工而言，一定要将个人价值的实现和公司的发展结合起来，形成严谨、精益求精的工匠精神，才能不断提升执行的完美度。在工作中，只有对于执行，追求完美的人，才能在执行过程中不断提升自我执行质量。因此，员工具备精益求精的工匠精神，对于提升自我执行力大有裨益。

第八章
执行结果的评估力：
优化自我执行结果

在当代竞争激烈的市场环境下，员工要想在企业更好地生存和发展，就必须具备个人的评估力，在执行过程中不断优化自我执行结果。员工的个人评估力是员工接受任务、全面执行、取得结果的关键。只有对自己的个人评估力一个清晰而全面的认识，才能不断优化自我执行结果，并锻炼出超强的自我执行力。

第一节　深度考量自我执行力

随着经济社会的不断发展，自我执行能力已经成为当代社会考核员工能力的重要标准。新的时代是一个贯彻执行力的时代，在企业中，要想成为老板眼中的好员工，就要学会深度考量自我执行力。很多员工就是由于对自我执行力认识不清楚，所以无法完成任务，即使完成了，也达不到最佳的执行效果，无法适应不断发展的时代要求。所以，深度考量自我执行力已经成为企业对于员工的最新要求。

深度考量自我执行力就是要求员工对于自我的执行力有一个深刻而清晰的认知，能够在执行过程中，不至于因为个人执行力的缺陷而导致执行结果的不完美。现代企业都是追求经济效益的机构，每一个员工要想在企业中有更好的发展前景，就必须正确认识自我，只有学会对自我执行力有一个深度的评估，才能不断优化自我执行效果。那么，如何更好地深度考量自我执行力呢？员工需要做到以下几点：

1. 是否具有强烈的自我执行意愿

员工的执行意愿和执行结果、执行是否到位之间都有着密不可分的关系。很多员工之所以在执行任务之后没有任何收获，就是因为本身没有执行意愿，被动地在完成工作，带有强烈的负面情绪，所以在执行过程中敷衍了事，这是员工自我执行力低下的一个最重要原因。在深度考量自我执行力的时候，员工就可以从自己是否有强烈的执行欲望入手。

高梅和赵跃是从小一起长大的好朋友，毕业之后进入同一家公司当文员，成为这个城市里的白领阶层。两人负责不同部门的工作。每隔一段时间就要上交自己的工作总结报告，报告包括企业员工的工作情况，以及办公设施的消耗情况。

高梅很喜欢自己的工作，所以工作起来格外认真，她负责的部门因为自己对公司的各种信息充分掌握而很少出现失误的现象。但是赵跃负责的部门总是因为自己对于信息的掌握不充分而屡次出现供给配不全的现象。

刚开始的时候，经理认为赵跃是由于刚到公司还不适应，所以经常出现这种情况，心想过段时间就会慢慢好起来，因此，并没有过多地在意。但是在她们成为公司的正式员工后，经理发现赵跃的这种现象还是经常出现，没有任何改善，于是准备改天找赵跃谈谈，看是否还有什么别的原因。

第二天，召开完月度会议之后，经理把赵跃单独留了下来，开始询问她是否对工作还有什么不满意的地方，还有什么不适应的地方。经过深入了解之后，经理发现赵跃其实对于文员的工作根本没什么兴趣，自己就是为了和从小玩到大的朋友高梅一起工作，才从事这份工作，本来感觉自己也可以适应，但是发现自己根本没有做好这份工作的欲望，所以执行力才会这么差。

案例中，高梅正是由于自己喜欢这份工作，才会有强烈的工作欲望，自然执行力也就大大提高。但是赵跃并没有很强的执行欲望，所以执行效果差。对于很多员工来说，只有具备强烈的执行欲望，才能成为一个主动的执行者，自然有着积极正面的情绪，能够更好地发挥自我执行力。通常来说，有着强烈执行欲望的员工都有在执行任务中寻求结果的决心，并且以超强的韧性投入到工作中，自发自动地去执行，这样才能真正执行到位。因此，强烈的执行欲望是提升自我执行力的重要前提。

2.员工是否具有高效执行力

员工对自我执行力的深度考量从某种程度来说就是看员工是否拥有高效执行的能力。执行的效果与执行者的能力有着绝对的关联性，执行者的能力越强、越全面，执行的效果就越好。只有真正具备高效的执行能力，才能在自我执行过程中，不断优化执行效果，成为一名卓越而具有超强自我执行力的员工。

当然，判断自己是否具有高效执行力，就需要员工能够明白在执行任务过程中，自己是否具有和谐的人际关系，以及持续不断的学习能力和良好的思维和创新能力。在执行工作任务的时候，未知的困难和阻碍都是无法预测的，这就要求员工具有良好的分析、判断和应变能力，并且对执行流程的细节进行全面掌控，才能不断提升执行效果，提高自我执行力。

3. 员工是否具有承担责任的勇气

在执行任务之前，员工要做好两个心理准备：一个是成功；一个是失败。任何事情都存在着失败的可能性，如果没有承担失败的勇气，那么一开始最好不要接受。更重要的是，员工随时可能面临着未知的困难和阻碍，这就需要员工在面对的时候要尽快找出解决的方法，必要的时候积极采取补救措施，同时还要勇于承担自己的失误，有对失败的结果承担责任的勇气。

员工自我执行力的考察也是对员工承担责任勇气的考察。具备超强自我执行力的员工必定是一个有担当、有勇气，能够在跌倒之后继续前行的成功执行者，只有这样，才能勇于接受执行的挑战，不断提升自我执行力，自然具有更强的自我执行力的考量标准。

要想深度考量自我执行力，员工必须具备以上三种能力的衡量标准，对自身的执行力有更为准确、清晰的认知，能够在执行过程中不盲目自大，不妄自菲薄，从而以更加认真、负责的态度来对待自己所执行的任务，并且在这个过程中，不断完善和优化自我执行结果，最终成为一名有着超强自我执行力的员工。

第二节 结果反省，让错误更有价值

员工执行任务的最终目的是给企业创造价值和经济利益。结果是执行的最直接目的，执行结果的好坏直接影响员工的工作业绩。这时候，员工就需要进行自我执行力的评估，需要进行结果反省，通过结果来吸取经验教训，从而更好地完善自我执行力，让错误更有价值。

任何没有达到最终结果的执行都意味着失败，员工要进行自我反思，从而在之后任务执行过程中，避免类似结果的出现，并且不断优化执行过程。个人的评估力是员工进行结果反省的关键。只有让错误更加有价值，对自己的执行力能够清晰地认识，才能不断提高自我执行力。

在这个注重结果的时代，大家对于你的执行过程不会有过多的关注，只有能够拿出执行结果的人，才有话语权。"吃一堑，长一智"，只有学会不断反思，不断反省，才能在日后的任务执行过程中获得更高的成功率，取得最佳的执行效果。

郭芳是一家著名上市建筑公司的图纸设计师，大学刚毕业，就进入这家公司工作。工作三年里，图纸有错误郭芳就修改，一直本本分分，每天将十分的精力投入到工作中,虽然没有取得很大的成就,但一直在公司平平稳稳地做了下来。近几年,由于受到房地产行业饱和的影响,公司规模不断缩小,对于建筑设计师的需求量自然就越来越少,郭芳感到了一股巨大的压力,她知道自己如果再得过且过,迟早会被公司辞退。

偏偏在这个时候,郭芳之前设计的一份图纸被总设计师退回,原来她的那份图纸竟然存在严重的比例设计问题,两楼之间的间距过小,严重不符合楼房的居住环境,还不利于施工的开展。郭芳这时候沮丧极了,她感觉自己犯了一个如此明显的错误,可能要被公司辞退了。

但是,郭芳还是不想就这样放弃。她开始认真检查图纸上的错误,并且不断地进行计算和修改,想要力求设计出两楼之间的最佳距离。为了更好地了解实际环境,郭芳一次又一次地跑到施工工地,观察周围的环境和阳光的照射情况,就这样,郭芳不仅修改了原有图纸上的错误,还进行了完善。经理再一次看到这份图纸时对她赞赏有加,并且在之后的工作中,郭芳工作越来越谨慎,也越来越出色,最终成为公司的一名主力设计师。

案例中,郭芳并不是没有执行力,只是缺少对结果的反省。员工要执行,就一定要有工作结果。对执行结果进行反思是员工提高执行力的关键因素。因此,员工从执行结果的反省中能够认识到上次执行过程的不足之处,从而更好地改进自身的技能。那么,如何更好地进行结果反省,让错误更有价值,员工需要做到以下几点:

1. 结果反省要迅速、及时

在执行有了最终的结果之后，员工必须迅速、及时地对自己的执行结果做一个基本的评估。不管最终执行的结果如何，必要的反省工作一定要及时，千万不可等待过长时间。只有进行及时、有效的评估，才能在最短的时间内，了解自己在上次执行过程中的得与失，在成功中总结经验，在失败中得到教训，让错误更有价值，从而在下次执行过程中扬长避短，提高执行效率，优化执行结果。同时把影响执行的直接或间接的因素分析清楚，总结明白，最终达到举一反三的目的。

2. 有一个合理的结果反省标准

执行结果的反省需要有一个合理的标准，可以是自己的要求，也可以根据公司的要求进行。无论是哪种标准，员工心中都要有一把科学和合理的衡量尺子，要不断反省自己的执行结果，避免错误的发生，同时从中学到更多的东西，对下次任务的执行具有更加实际的指导意义。

对于结果的反省要有更为科学、合理的标准，才能使错误的执行结果具有最积极的意义。错误已经发生，是无法改变的，员工能够做到的就是用科学的反省标准，找出执行结果的漏洞和不足，从而使错误发挥应有的提醒、警示作用，能够对自身的执行力有深刻的了解，进而对自我执行力的提升起到巨大的推动作用。

3. 严格制定改进方案

对结果的反省，其根本意义不是知道自己的执行错在哪里，更重要的是需要更深层次地制定出具有实际意义的纠错方案，并且学会将具体的条文项目列举出来，从而保证错误得到最大的改进，以后不会再犯。因此，要想更好地进行结果的反省，让错误更有价值，就必须制定出针对错误的一系列改进措施。

李强和郭琦都是刚毕业的大学生，他们今年年初同时进入一家广告公司，在公司的设计部还属于新人，因此工作量不是很多。但是，李强在每完成一个方案之后都将自己的方案拿给老员工或者主管看，征询他们对自己方案的意见和建议，再结合自己的思路对方案进行修改。李强为了避免在下次方案制定中犯类似的错误，就在自己的办公桌周围贴上了很多小纸条，提醒自己不要再犯类似的错误。半年下来，大家明显感觉到李强进步神速。

但是郭琦就不一样了，他虽然也能接受大家的意见，但却从来不及时地修改和整理，仅仅是听听而已。他总认为自己已经记在心里了，下次肯定不会再犯。可是事实证明，他经常会犯类似的错误。这种情况下，大家慢慢也就不再给郭琦提意见了，到年底的时候，李强的一个设计方案被一家大公司采纳，成为公司的一名主力设计师，而郭琦还是在原先的水平上踏步。

案例中，李强能够在发现错误之后及时改正，并且找到合适的补救措施，从而让错误的价值发挥到最大化。而郭琦却无法做到这一点，仅仅是知道错误，却没有及时改正，这样错误的存在就没有任何积极的意义。只有改正自己工作中的缺点、错误，保证下次不会再犯类似的错误，这对于提升自己的工作执行力具有很大的帮助。因此，结果反省要想让错误更有价值，就必须让改进措施具有较强的纠错性。

以上就是员工在结果反省，为了让错误更有价值中应该做到的，这也是员工进行个人评估力的关键。要想不断优化自我执行结果，就要求大家能直面自己的错误，在执行中进行深刻的反省，并且具有较强的纠错意识，从而保证任务更好地完成。

第三节 用经验、教训优化未来执行结果

每一个员工只要身处职场中，就有无数的工作需要去执行、去完成。而每一项工作都是员工提升自我执行力的一次重要机会。要让每一项工作都有其存在的价值，无论成功还是失败，只要真正对每一项执行的任务进行认真分析，总结经验，吸取教训，就能为自己在下一次执行任务的时候提供更加有利的条件。其实，自我执行不可避免地会得到两种结果，成功或者失败。对于员工来说，成功的执行结果能够让自己获得更多的经验，从而为下一次执行做好准备。"亡羊补牢，为时不晚"，失败的执行结果同样需要员工吸取教训，在下一次执行中，要避免同样的错误发生，从而

让经验、教训来不断优化未来的执行结果，不断完善执行结果，提高自我执行质量。

凯特林是一名电子商务专业的学生，毕业之后进入一家汽车 4S 店担任汽车销售一职。刚做销售时，她对汽车和销售一窍不通，她边推销边学习专业知识，不断向他人请教，一年内阅读了大量的销售书籍，掌握了丰富的汽车和销售理论知识。刻苦的学习加上自我超强的领悟力让凯特琳在不久之后就谈成了几个大单，并且获得了公司"最佳新人奖"的称号。但是凯特琳并没有骄傲，她知道自己只是一时运气好，还需要更加努力。

通过对执行结果的反思和不断学习，她总结自己之前的成功经验，自己的成功得益于用比较真诚的态度和熟练的理论知识征服了那些客户，这是自己要继续不断加强的。但是对于如何更好地向客户进行电话预约，以及介绍更多的产品知识，应对客户的不同意见等，自己还有所欠缺，需要更加努力学习。在之后的工作中，凯特琳更加努力地学习这方面的知识，每当将自己学到的新技巧付诸实践时，她的业绩就会攀升，她越发自信。经过四年的不懈努力，她不仅收获了财富，还迅速从一名基层销售员成长为经验丰富的销售经理。

案例中，凯特琳的成功与她的不断反思和学习有着莫大的关系。每一项任务都有其执行的意义。任务完成了，只代表暂时给领导交上了一份满意的答卷。结果只是一时的，成功不代表结束，努力永远都不能停止。执行力强的员工之所以能一直保持良好的工作状态，很主要的原因就是他们面对成功时能保持平和的心态，能及时总结反思。那么，如何更好地用成功的执行结果来总结经验，为下一次执行的优化做好准备呢？

1. 理性思考执行的成功原因

任务成功执行之后，员工不可沾沾自喜，而是需要更加理性地思考自己成功的原因，只有以更加理性的思维对成功进行思考，找出成功的原因，以及在下次执行中如何将这些原因更好地运用，才能在下一次任务执行过程中，将执行结果不断完善，从而更加完美地完成工作任务。

2. 善于在成功之后寻找更好的执行方法

在每一项任务成功完成之后，当你所谓的"成功经验"越多时，大家越容易被这些经验所束缚。所以，不要因为每一次的成功而沾沾自喜，要学会在成功之后，总结是否有更好的方法来完成工作。善于在成功之后寻找更好的执行方法以便为下一次的执行做更加全面的准备。千万不要因为曾经的辉煌而孤芳自赏，以免变得过分骄傲，难以接受新的知识，这是非常可怕的，不利于自我执行力的提升。

3. 及时设定新的目标

当任务圆满完成的时候，小小地庆贺一下是可以的，但要及时摆正心态，给自己设定新的目标。只有这样，才能更好地明白自己成功的执行方法能否应对下一次执行的考验，从而不断提升执行质量。同时，要对已经取得的成绩进行总结和反思，吸取其中的经验和教训。这样，你就不会过分痴迷已经取得的成绩，而是把更多的时间和精力放在新的目标上。

很多人以为任务成功完成之后就可以高枕无忧了。这种想法是极为错误的。只有那些真正在成功之后认真思考，不断寻找更加完美执行方法的人，才能优化未来的执行结果，不断提升自我执行效果。

张颐供职于一家音像公司。有一次，公司从德国进口了一套当时最先进的采编设备，比公司现用的老式采编设备要高好几个档次。但是说明书只做了一个简单的翻译。张颐认为，所有的机器大同小异，正好自己有一个紧急的任务，就凭借以往的经验开始操作。但是他很快便发现，自己根本无法借助这个先进的仪器来完成任务，耽误了交工日期，受到了领导的批评。

张颐很灰心，但是他想既然这是公司花了大价钱从国外才买的机器，肯定有它的使用价值，于是吸取教训，决定先从全面了解说明书开始。但是他对德文一窍不通，就去附近一所大学的外语学院，请德语系的教授帮忙，把德文的说明书翻译成中文。在摸索新设备的过程中，他发现了很多不明白的地方，于是在教授的帮助下，通过电子邮件，向德国厂家的技术专家请教。短短一个月下来，张颐已经能够熟练使用新的采编设备。在他的指导下，同事们也都很快学会了使用方法。张颐因此还受到了老板的赞赏。

案例中，张颐在没有完成任务之后，虽然受到了领导的批评，但是并没有就此放弃，而是吸取教训，更加努力地弥补上次所犯的错误，最终受到上司的赞赏。工作任务执行失败并不可怕，可怕的是执行者没有将失败当作自己进步的阶梯，找出失败的原因，弥补自己的错失，为下次优化执行效果提供更好的准备。因此，员工要想更好地提高自我执行质量，就必须做到以下几点：

1. 失败之后要迅速、及时总结

在接受任务的时候，员工要做好接受失败的准备。要知道，暂时的失败不代表永久的失败，员工只有不断地对工作进行总结，反思做得不足的地方，思考可以改进的地方，并想出切实可行的改进办法，才能变失败为成功。在总结与反思的过程中，员工的思维能力会得到很好的锻炼，而灵感往往在这个时候不请自来，那么，在下一次执行过程中自然就比上一次更好，获得更佳的执行效果。

2. 从失败中找出自己的执行劣势

"失败是成功之母"，只有从失败中找出自我执行过程中的缺点，才能避免在下一次执行中犯同样的错误。每一个人都有自己的优势和劣势，有的劣势自己本就知道，但是有的劣势却需要自己在经历失败之后方能恍然大悟。这就需要员工从失败中找出自己的劣势，不断加以锻炼，弥补自己的劣势，最好能够将劣势转为优势，为下一次任务的执行做好充足的准备。

3. 不断充电，提高自身能力

任务执行失败，很多时候是由于执行者自身能力不足而导致的。在市场竞争日益激烈的今天，倘若你不求发展，你就只有躺在"功劳簿"上睡觉的份儿了。在工作中，每一个员工都要经常阅读专业书籍，提高专业能力，这样才能让自己走在行业的前端。很多时候，人越无知，越觉得自己了不起，而越充实自己，则越能看到自己的不足。所以，不断地充电，可以让你远离自满情绪，从而用平和的心态去完成任务。

所以，员工只有做到以上两点，才能更好地用经验、教训不断优化未来的执行结果，提升自我执行质量。只有在成功的时候，不骄傲；在失败的时候，不气馁，才能更好地完善自我执行力。

第九章
执行人员的角色定位力：
弥补自我执行缺失

要想成为一流的企业，就必须拥有一流的执行队伍，而一流的执行队伍就是由拥有一流执行力的员工组成的。有一流执行力的员工就必须要对员工的角色有准确的定位，并且能够找出自身执行的缺陷，弥补自我执行的缺失，从而更好地完成任务，成为一名卓越而有着超强执行力的员工，实现自身价值的同时还能够受到老板的青睐。

第一节　角色定位明确

古语曾经说道:"虽有其德,苟无其位,不敢作礼乐焉",意思就是说一个人再有本事和修养,也必须按照自己在体制中的位置来行事。一个优秀的执行者能够明确自己的角色定位,不做不符合身份的事情。所以,要想弥补自我执行的缺失,提高自己的执行效率,首先要从认识自己开始,自我定位准确才能具备更高的执行效率。

对于再一个员工来说,都应当有自己的职业生涯规划,有自己的人生理想。而要想实现这些目标,就和自我的角色定位有着密切的关系。能否更好地完成工作的关键就在于能否找准自己的缺点和优点,对自己有一个清晰的评估,从而在角色定位的时候做出正确判断。当然,员工角色定位的准确与否和员工执行力的强弱有莫大的关系。

王芳是一所传媒大学表演系专业的大学生,性格活泼开朗。大学毕业之后,王芳本来准备进入一家有名外企的公关部工作,但是家人认为一个女孩子,还是找一个比较安稳的工作比较好。因此,王芳的家人就费尽心思地将她安排到一家著名广告公司的设计部,做一名设计助理。

但是，这份工作和王芳的性格非常不符，王芳感到工作没有激情，领导给她安排的任务，她也总是完成得不太好。王芳感觉，自己的这种状态很不好，长此以往，身体和心理都会亮红灯。自己必须改变这种状况，重新进行职业规划，从而更好地实现自己的理想。

王芳开始认真了解自己的工作和职业，认真学习关于设计方面的知识，并且不断在工作中锻炼自己，在工作中有不懂的就及时请教周围的老员工，不断充实自己。而且，王芳还利用自己平时的休息时间重新选修大学设计方面的课程，准备系统补充自己的知识。经过不断的学习和自我努力，王芳的设计稿越来越好，越来越专业，最终成为公司设计部的重要一员。如今的王芳发现，其实自己对于设计也有着一份浓厚的兴趣。

由案例可以看出，王芳在工作之初，抱有消极、懈怠的心理，不能很好地认清自己，认识到自己的工作职责。后来经过心理调整和继续学习，才转变了工作态度，职业道路越走越顺。员工只有对自己的角色有一个清晰的定位，才能提高自我执行力，工作自然会越做越好。所以，员工必须做到以下几点，才能对自己的角色定位更加准确。

1. 认识自己，扬长避短

每一个员工都应当对自我执行力有全面的认识，能够综合考量自己的性格、兴趣与爱好、优势和劣势，弄清楚自己究竟想要做什么、能做什么。只有这样，才能全面地看待他人和自己，进而不会在执行任务过程中妄自尊大或者妄自菲薄，以更加平和、专业的态度来完成任务。

明确自身能力的大小，就需要员工能够进行自我分析，深入了解自己，知道自身的优势和不足，从而确定自己在公司中的位置，努力将自己的优势发展成为自身特色，并且正视自己的不足，弥补自我执行力的缺失，减少其对自己的影响。

2. 认清工作、摆正位置

要想使自己的角色定位更加准确，除了认识自我之外，还要对自己的工作有全面而准确的认识。能够认清自己工作的职责和义务，分清自己的工作职责，从而更好地执行。只有明确自己在企业部门中所处的位置，要求自己按照职业规范、职业道德做好这个位置应该做的事情，才能不断弥补自身执行力的缺失，建立高效执行的意识。清楚地了解自己的工作之后，就需要员工能够对症下药，真正将自身的优势利用起来，并且对自己劣势的把握、弥补要做到心中有数，将本职工作做好，使自我执行力得到不断的提升。

3. 培养自己的忠诚感和团队意识

要想成为一名具有高效执行力的员工，就必须对公司、对上级领导有着一颗忠诚的心。不管自己的能力有多强、资格有多老，都需要具备一种谦虚谨慎的态度，能够将职责范围内的事情处理好，切不可做表里不一、阳奉阴违的人。角色定位明确需要员工对自己的工作有更加深入的了解，明白自己在团队中的重要性和应当扮演的角色，学会换位思考，体谅上级领导的难处。当然，员工要对工作的进展情况和上级领导进行仔细的沟通，并且分析工作中存在的不足和困难，更好地发挥自己在团队中的作用。

角色定位对于员工的自我认知和对职位的认知提出了更高的要求。很多员工在执行任务过程中，由于对自身的角色定位不清，才犯各种各样的错误。职场中，员工角色定位过高或者过低都会对其执行效率产生不好的影响。因此，员工要明确自身的角色定位，不断弥补自身的执行不足，快速成为一名卓越而有超强执行力的员工。

第二节　快速角色转化

工作中，我们经常需要和企业的各部门打交道，同时还需要不断转换自身角色以确保任务的完成。毕竟，在每一个企业中，为了获得更高的经济效益，都想要以最小的人力成本来获得最大的经济效益。因此，对于员工的要求自然也就越来越高，掌握多方面的知识和技能，在工作中能够灵活地转换自我角色，适应多个岗位的人才，才是工作中执行力超强的人。

对于一个普通员工来说，在工作中做一个"一专多能，一人多岗"的多面手已经成为新时代企业发展的新要求，尤其是对于一些发展受各方面限制的小公司来说，员工必须能够灵活、快速地进行角色转换，不断提高自我执行力。所以，只有具备超强能力、具有勤奋和刻苦的钻研精神、具备踏实和奉献工作态度的员工，才能不断提升自我执行力，同时做好角色转换。那么，员工在工作中如何进行角色转换呢？主要从以下几个方面着手：

1. 上司面前的助手

每一个员工都要接受上级分配的任务，但是必要的时候还需要成为上司工作上的帮手，这时候，就需要员工转变角色，想领导之所想、想领导之未想、想领导之将想。员工要成为上司的助手，还要做到不出风头、不走前头、不抢镜头，真正做到心到力到，眼到手到。

做领导的好助手看似简单，其实不然。对内，要凭借自身丰富的经验和超常的智慧独当一面；对外，则要以自己的机敏和魅力赢得普遍信赖和赞誉，还需要了解你的上司和企业，有个人的主见，千万不可一味地去取悦上司，置公司大局于不顾，要明白自身和企业发展共存亡的道理。

2. 部门面前的拉手

每一个员工都有自己所属的部门，要想更好地实现个人的发展，就必须做好本职工作，不要因为自己阻碍了整个部门的发展。而且，当员工将自己的角色推到整个部门之前的时候，就不再是一名普通的员工，而是代表着整个部门。这个时候，大家必须把自身的角色转换为部门的模范、榜样，去激励同部门的其他人，带动整个部门的工作热情，争取影响整个团队工作人员的工作积极性和执行力。

3.同事面前的援手

职场中，同事之间难免要互相帮助，团队的协作是提高任务执行力最为快速的方法。当同事需要帮忙的时候，我们需要转换自己的角色，伸出援手，争取在第一时间给对方提供最有效的援助，从而保证整个团队工作能够按时完成。

张琳是一家小型公司的文案策划，也是这家公司唯一的女职员。刚刚参加工作的时候，张琳以为文案的工作就是很简单地写写东西就行了，但是经过两年的工作实践，张琳发现要想做一个合格的文案工作者还需要具备多种不同的素养，能够在工作中灵活地扮演多种角色，自己必须是个多面手。

比如，当公司举办重要活动的时候，首先张琳要承担摄影的工作，并且要尽量做到专业。拍摄完之后，还要学习排版的技巧，最后要将其做成一个重要的资料，保存下来。

作为公司唯一一个女职员，张琳在公司还经常担任经理助理的角色，每当经理有什么重大活动的时候，要提前做好订票、订酒店等工作，要尽力帮经理解决后顾之忧。当然，最为关键的是张琳的本职工作——文案。首先，对于文字技能有着较高的要求；其次，还要学会从庞大的资料中提取有用材料加以编辑；最后，还需要具备撰写各种不同类型方案的能力。

就这样，张琳成为公司重要的一员，虽然名义上是公司的文案策划，但是身兼数职，能够灵活地进行身份的转换。不久之后，公司扩大规模，又招聘了许多员工，张琳晋升成为公司的策划部经理。

我们每一个人在职场中都需要经常变换自己的角色，可能是从这个部门换到另一个部门，也可能是从执行者变成管理者，还可能有担任别人助手的情况，这样在角色转换的过程中，就需要自己能够尽快适应新的身份，通过角色协调降低角色冲突可能性的出现，同时培养出角色转换的能力。而要想达到这种效果，员工需要做到以下几点：

1. 树立大局意识，增强企业归属感

员工要想更好地转换角色，就需要在头脑中树立大局意识，只有具备大局意识，在执行任务的时候，才能有意识地进行角色转换，进而提升任务完成速率，因为有时候角色的转换不仅意味着有更多的工作，还需要承受更多的压力。只有具备大局意识的人才能在关键时刻为大局着想，即便牺牲自身的利益也能更好地执行任务。

员工灵活地进行角色转换的过程，也是考验员工对企业归属感的过程。只有不断增强自己对于企业的强烈归属感，才能让自己从执行者的思考角度中脱离出来，具有全面发展的眼光，更加快速地融入角色中，增强自我执行力，进而更快、更好地完成任务。

2. 强化宗旨意识，增强个人素质

宗旨意识就是我们在工作中的根本和信念。增强宗旨意识就要求员工能够在具体的工作中将其落实在实际行动上,当然,还必须表现在工作作风上。这就要求员工不断增强个人素质,树立好的工作作风。而工作作风的好与坏通常能够折射出员工的宗旨意识强不强,从而判断出员工是否自觉地为了完成任务而去克服工作角色转变所带来的冲突。所以,在灵活转变角色的同时,还要学会不断增强自我的工作素质,强化宗旨意识,能够尽快适应新角色的要求,努力成为一个合格的员工。

3.增强学习能力,提高执行能力

能够灵活转换角色,进行角色之间协调的最有效办法就是通过增强学习能力,提升自己各方面的执行能力。员工在执行任务过程中,只有不断通过观念培养和技能认知练习,才能提高自己面对新角色的适应能力,成功转换角色。所以,在实际工作中,要想不断地适应各种角色,更加灵活地转换,员工必须增强自己的学习能力,在不断的学习中,提高自我执行力,努力变成一个具有高效执行力的多面手。

以上就是我们灵活转换角色的方法。对于普通员工来说,只有不断学习以上方法,适应多个工作角色的要求,不断满足企业的发展需要,才能更好地实现个人价值。因此,作为一线员工,要不断提高自身的业务能力和服务水平,在科技不断发展的今天,成为企业的多面手,为企业节省成本的同时,弥补自身执行力的缺失,在成为高效执行力员工的道路上越走越远。

第三节　多重角色思考问题

每一个人所处的位置不同，自然就会有不同的思维方式。消费者想要物美价廉的产品，卖家想要以最少的代价取得最高的利润；员工想要好的发展机会，还想要工资高、工作轻松，老板想要员工的价值发挥到最大，为企业创造更多的利润；甚至员工与员工之间的合作，都有不同的解决方法；不同的角色和身份都有不同思考问题的方式，从一定程度来讲，都有较强的利己性，而要想保持各个角色间的平衡，就必须学会用多重角色来思考问题，才能用最佳方法更好地完成任务。

其实，所谓的"多重角色思考问题"，就是员工在工作中能换位思考，能站在不同的角色上来思考问题，要知道，各自为政，绝对难以产生有效的协同，并创造最佳的执行结果。角色决定职责，能够站在对方的角色上思考问题，才能让执行少一点争执，多一点协同，达成统一的认知。所以，员工要学会换位思考，加强合作，从而更好地弥补自身的执行缺失，全面完成执行。当然，这就要求员工要做到以下几点：

1. 换位思考，学会以管理者的角色思考问题

管理者在企业管理中，很多时候要发挥掌控全局、发号施令的作用；

而要想成为具备超强执行力的员工，就需要发挥高效执行者的作用；这个时候，员工要想更快地进入角色，就需要做到换位思考，学会以企业管理者的角色认真对执行任务进行分析，这样，才能设身处地理解问题，进而投入更多的精力来完成任务。

沈强所在的某著名地产销售公司有十二组销售人员，每一个销售小组有八名成员，其中有一名为小组组长。很多时候，公司经理都是直接将销售计划告知各组组长，由组长再传达给各个组员。而沈强就是第八销售小组中的一名成员。临近年关，沈强所在销售组组长，根据各个组员的综合实力，设定了不同的销售目标。

沈强在看到自己的销售任务之后感觉很不服气。自己在整个销售小组中算是中等实力，但是此次销售额度是按照最高层次的销售标准来制定的，毕竟销售任务完成与否，关系到自己的绩效薪酬。在这个月前十天，自己还没有完成销售任务的三分之一的时候，沈强找到了组长，表明自己的销售任务定得过高，对自己不公平。

组长听完沈强的抱怨之后，没有多说别的，而是让他坐下，并告诉他，公司总共分配给组里多少任务，让他站在组长的角度来做一个简单的分配。沈强心想，正合我意。于是，他开始认真思考，企图寻求一个自己心中理想的分配方式。可是，此时沈强发现，由于年底自己所在组有两个老员工辞职，添加了两名新员工，原来的分配数额是最为合理的，如果给自己再减少销售额度，就会导致新员工的任务量超标，更加不利于整个小组任务的完成。意识到这一点后，沈强站在组长的角色上才觉得组长原来那种分配销售额度的方法是最佳的。

换位思考，站在管理者的角度来思考问题使得沈强理解了组长任务分配的良苦用心，能够对所需要执行的任务有了更为深刻的理解，自然就会有更为强大的执行动力。不同的角色赋予了员工不同的身份和职责。所以，员工必须学会将自己代入各个角色中，换位思考，能够对任务的执行有着更为深刻的认知，从而更好地完成任务。

2. 换位思考，学会站在同事的角度思考问题

每一位员工都有自己的工作职责，也都是企业中的一员。要想更好地完成任务，就必须站在员工的角度对问题进行一个详细的认知，站在同事的角度更好地帮助别人，伸出援手。然而在合作过程中，不可避免地会因为各自的工作产生分歧，这个时候，最佳的解决办法就是站在对方的角度上思考问题，再结合实际情况，产生一个统一的认识，更好地解决执行中的问题。当然，最为关键的一点是，每一个员工都有自我缺陷，要想更好地弥补自身缺陷，就必须学会利用其他同事的优势，取长补短，团结合作，从而更好地完成任务。

3. 换位思考，要学会站在执行对象的角色来思考问题

每一项任务的执行都有其最为直接的执行对象，可能是一项活动，也可能是一些产品，还有可能是一些消费者。要想更好地完成这项任务，就需要员工在执行任务的过程中，学会站在执行对象的角色上思考问题，

要充分考虑到自己的执行方案是否可行、是否适合执行对象的需求等，从而更好地完成任务。总而言之，要想更好地完成任务，除了站在管理者和同事的角度上思考问题，还需要考虑执行对象的角色，将自己想象成执行的被动者更好地完成任务。

多重角色思考问题的关键就是要学会换位思考，能够站在不同角色上对执行任务进行透彻的理解和认知，真正将自己代入不同的角色中，从而进行角色定位，帮助团队更好地完成任务。企业总是希望以最小的人力成本获得最大的经济效益，员工要想在企业发展中占有一席之地，就要学会从多重角色思考问题，从而采用最佳的方式完成任务。

第四节　团队协调合作，是主角也是配角

个人的力量是有限的，但是团队的力量是无穷的。作为员工，每一个人都是团队中必不可少的一员，都要为实现团队共同的目标而努力奋斗。在现代企业发展中，依靠个人的力量做全部的事情是不可能的，而且是极其没有效率的。要想实现团队的目标就必须增强团队协调合作的能力，互相扶持，更好地完成任务。

当然，团队协调合作的能力要求我们要有团队合作的精神，能够把

自己融入团队中，明白自己既是团队的主角，也是团队的配角。只有在团队中有个人独特的执行力，能够担任其所在团队的某一项任务，发挥自己的主要执行力，同时也辅佐其他成员，才能实现团队的共同目标。

陈亮毕业之后应聘到一家公司做销售。上司交给他一项任务，让他在本市做公司产品的市场调查，然后策划一份市场营销活动方案。

第一天上班，上司亲自交代工作，陈亮不敢有丝毫懈怠。他一个人到各大商场做了一番调查，然后带着手头资料躲进办公室，搞起方案来。由于资料不完整，导致方案最终没有做出来。

实际上，他收集的那些资料公司都有，只要向有关部门借阅一下即可，而他却不懂向他人寻求帮助，借助团队力量克服工作中的困难，只是像老黄牛一样埋头苦干，工作进展自然很慢。

王强看到陈亮这种情况后，就告诉他："其实，你不必这样亲力亲为，我们公司发展到现在，肯定会有一些数据的资料分析，你可以到相关部门借一下，让他们给你提供一部分资料。但是文案肯定还是需要你亲自做的。"

陈亮恍然大悟，于是向相关部门借阅完整的资料，加上向别人询问、了解之后，对资料有了全面的了解。收集所需资料后，陈亮开始发挥自己所长，设计了一个完整的市场营销活动方案。将方案交给经理之后，他受到了经理的大力表扬，夸赞他懂得利用团队的力量，发挥自己的主观能动性，非常具有团队协调合作意识。

案例中，陈亮能够在团队合作中，寻求其他部门的帮助，充当资料收集的配角，同时又能够发挥自己的主角作用，设计出一个完美的营销方案，最终顺利完成任务，是因为陈亮具有团队协调合作意识。在企业发展中，每一个员工都不是万能的，员工要想更好地完成任务，就必须意识到自己的不同角色。所以，团队之间要想协调合作，员工具体需要做到以下几点：

1. 同事之间重在合作

在企业中，每一个员工都不可能独自支撑起整个企业的运行，而是要具有团队协调合作意识，在合作中，更好地完成任务。团队中成员之间存在竞争是很正常的。但这里的竞争，关键在于"竞"，能够在执行中，更好地与员工比干劲儿、比能力，从而为整个团队的利益共同奋斗。只有实现团队的大目标，个人的主角地位和能力才能表现出来，团队目标才能实现。

2. 演好自己的"角色"

每个员工都是团队中的一员，每个员工也都有自己的舞台，一个成员就是一个独特的角色。在工作中，每一个员工都要明确自己在整个执行链条上所处的地位和作用，发挥属于自己不可替代的主角作用，但同时也要配合其他人员来完成工作，心往一处想，劲儿往一处使，尽职尽责地做好自己的分内事，扮演好自己的"角色"，不断弥补自身执行的过失，打造出一个有超强执行力和战斗力的团队。

3. 对内要及时沟通，对外要维护同事的形象

团队的协调合作要求员工能够及时地进行沟通，不要只顾埋头苦干，自己做决定。每一个员工都是团队中的一个主角，具有不可替代的作用，但是，作为一个团队，因为有着共同的大目标，所以对于个人来讲又是团队中的配角，要配合其他成员来完成任务。因此，每一个员工都有强烈的自我执行力，又需要配合其他成员，提高他们的自我执行力，从而更好地完成任务。

团队的协调合作离不开每一个员工的合力执行。在企业这个大团队中，员工既不能忽视自己的主角地位，同时还要意识到自己必须和其他成员相互配合，是团队合作中的配角，要为了实现团队的总目标而努力奋斗。所以，在员工自我角色定位中，要加强团队之间的协调合作能力，最终成为团队中具有超强执行力的员工。

第十章
执行中的高效沟通力：
提升自我执行效率

职场中，上司布置任务的时候，很多执行者听得很认真，记得很仔细，频繁地点头，看似在深入地思考，其实，很多人并没有真正搞清楚要做什么，最后执行的结果自然是出现偏差或者大打折扣。要想成为一个优秀的执行者，首先要有高效的沟通力，百分之百理解任务的内容，提升自我执行效率，只有这样，才能保证执行的最终结果达到企业发展的要求。

第一节　强效沟通促成超强执行力

在实际工作中，员工经常会发现，明明是用同一种语言来沟通，却往往不能让对方领会自己所要表达的意思，导致大家在后期会花更多的时间来完成任务。当然，这种情况的出现并非因为员工使用的叙述方式不对，也不是因为性格不合，而是很多时候，没有做到强效沟通来让对方领会叙述者的意思，因而导致执行效率不高。强效的沟通是促成超强执行力的重要保证。

强效沟通就是要求沟通的双方能够听懂对方在说什么，选择合适的表达对象、方式和内容，真正将所需执行任务的详细信息进行全面的传达，将任务更好地完成。因此，员工要想具备高效的沟通力，与上级做很好的沟通，需要充分了解对方想要表达的意思，才能有针对性地完成任务，提高执行效率。

王红是某文化公司一名编辑助理，在工作中，王红一直勤勤恳恳，能够站在公司的角度来考虑问题，因此，格外受到主编的青睐。有一天，主编突然交给王红一项任务，让王红尽快从一家知名的网上书城订购一些培训用书，因为过几天公司要给一家企业做培训。主编说完后，似乎还不太放心，又特别叮嘱了一句："小王，记住啊，一定要从我说的这家网站订！"

"知道了。您放心吧。"

王红回到自己的座位上，进入这家购书网，准备下单时，却发现库存不足。她给书城的客服打电话，对方答复正在补货，可能要两个星期之后才会有货。放下电话，王红想："都是一样的书，在哪里买不都可以吗？再说领导还特别强调了，要尽快订到这批书，那就换一家网站吧。"

于是，王红另外找了一家折扣比较大的网站把书买到了，而且价格比主编指定的那个网站还便宜很多。为此，王红很高兴，认为主编肯定会夸奖自己。没想到，快递把书送到公司时，主编发现书不是从指定的购书网买的，当场就严厉地批评了她："怎么回事？谁让你自作主张的？我不是说过要从那家网站订吗？"

经过了解，王红得知，原来这本书的作者，正是过几天给企业做培训的老师，主编要求购买书籍的那个知名网站能够保证购买到正版的书籍，而王红在其他网站购买的书很可能不是正版的，在内容上可能有偏差，影响培训效果。王红此时知道主编生气的原因了。

其实，类似于案例中王红这样的经历在员工的日常工作中经常会发生。很多时候，员工并没有对所要执行的任务完全领会，最终导致任务虽然完成了，但却没有达到领导的要求。而要想改变这种情况，更好地提升强效沟通力，员工可以参考以下几点：

1. 牢记"5W2H"的思路，勤做笔记

员工要知道"5W2H"所代表的含义，就是员工所要执行任务的时间（when）、地点（where）、执行者（who）、为什么这么做（why）、这么做的目的是什么（what）、如何去做（how）、工作量是多少(how much)。只有清晰地明白所要执行任务的"5W2H"，并将这些记录下来，才不会遗忘执行中的关键点，强化彼此的沟通效果，并且对自己的执行形成有效的监督和督查机制，从而更好地完成任务。所以，强化沟通力的前提就是要明白执行的"5W2H"，并且勤做笔记。

2. 学会条理清晰地复述执行要求

为了更好地沟通任务的各个要点，员工需要学会条理清晰地复述执行要求。在复述的过程中，员工能够检查自己是否有遗漏或者没有弄清楚的地方，并且请领导加以确认，从而更好地完成任务。当然，在总结、复述的过程中，员工要学会使用"一、二、三……"来总结，不宜使用"然后""那么"这种毫无逻辑的语言，否则，很容易导致自己思维混乱、不清晰。只有自己说的条理清楚，领导听起来才会清晰明了，使沟通更加顺畅。

3. 有不明确的地方要学会及时沟通

执行不到位很大一部分原因就是对不明确的地方缺乏及时的沟通。有时候，领导分配任务的指示可能比较模糊，容易让人产生歧义。这时，要想更好地完成任务，员工就要积极地和领导沟通，明确领导的真正意图，从而获得更加清晰的指示，而不是在私下埋怨领导，胡乱猜测领导的意思，不仅没有真正了解任务，也没有按时完成任务，还导致自己和领导产生隔阂，影响以后工作的开展。所以，员工在执行任务过程中，有不明确的地方一定要学会及时沟通，强化沟通效果，从而提升自我执行力。

4. 制定全面、条理的执行方案

任务量较大，也意味着需要较长的时间来完成，这个时候，员工要想更好地完成任务，就必须弄清楚任务中的关键点，制订一份详细的工作计划，然后交给上司审批。这样领导就可以合理地监督你的工作，并且及时给予指导，不至于让自己的执行偏离方向，达到强化沟通的目的。当然，最为关键的一点就是在这份执行方案中，员工必须详细地列出你的行动方案与步骤，并对你的工作进度进行规划。

在信息更新和协作能力非常重要的新时代，员工要想强化自我沟通力，就必须从以上几个方面入手。超强的自我执行力需要员工通过高效的沟通力领会上司的要求，只有这样，才能更好地加强员工自身的沟通力，提升自我执行效率。当然，在沟通过程中，员工需要谨记的是，沟通是双向的，倾听和理解也尤为重要，员工要对此加以重视，从而更加高效地完成工作任务。

第二节　积极主动与上下级沟通

在企业中，领导所想的和员工所想的，经常不能很好地契合；员工和员工所想的，也是如此。很多员工，尤其是职场新人，接到领导安排的工作时，只管闷头去做，即使有不明白的地方，也不敢多问，生怕领导因此而"看低自己"。这样一来，一旦对领导指示的理解出现偏差，轻则耽误了工作，重则给公司造成不必要的损失。

员工在工作或者执行任务过程中，离不开和员工相互配合和密切协作。这时候，沟通对于合作来说，就显得尤为重要。但是，在一个团队中，各个成员可能来自五湖四海，个性志趣各不相同，工作能力和作风也不一样，在执行过程中难免出现分歧和不畅，为了更好地完成任务，员工就必须积极主动地去和同事或者下属进行沟通。

拥有完美执行力的员工，在接受任务时都有一个共同的工作原则，那就是："沟通到位"。积极主动地与领导沟通；积极主动地与同事进行沟通；积极主动地与下属进行沟通；力求准确无误地领会所要执行任务的内涵和意图。所以，沟通对于员工的执行来说有着至关重要的指导意义。

谢睿是某汽车4S店的车险销售人员。有一次，经理要求他对一家公司的团队车险制订一个计划，在经理下达指令之后，谢睿就开始进行简单的整理，然后及时从经理那里获得确认："经理，您分配给我的这项工作是这样的，为了增强我们公司在团队车险市场的竞争力，您希望我们团队不遗余力地在本周五之前和某公司总部签订关于员工福利车险的合同，请您确认一下是否有遗漏。"在经理确认无误之后，谢睿就开始制订详细的工作计划，并且向经理征询了他的意见和建议。在执行任务过程中，他都及时地向经理做了汇报，并且对于一些难以解决的问题，经理也给予了充分的帮助和支持。谢睿投入了全部的精力，终于在本周五之前成功签订了这份合同。在完成任务后的总结中，谢睿充分肯定了本部门人员的支持，同时也对经理的指导和帮助表示了深深的感谢，正是由于大家的通力合作，才使得这项任务能够出色地完成。

案例中，谢睿在接到一项任务之后，能够和上级沟通到位，在开始工作之前，和经理进行及时的确认；在工作过程中，也不断地向经理请示和汇报，在获得经理帮助的前提下，不断提升自我执行效率，最终出色地完成了任务。具体来讲，员工要想通过积极主动与上下级沟通的方式来提升执行效果，可以从以下几个步骤入手：

1. 了解你的上级

有效沟通的前提就是要主动地去了解上级，这种了解可以让你和上级之间的沟通更加顺畅，能够更好地实现预期目标。当然，不是漫无目标地去了解上司,首先要通过对上级的工作经验、学识水平、家庭情况、社会地位和个人的性格方面来了解;然后要了解上级的工作和生活习惯,以及上级的价值观和工作风格;最后,员工要对上级的工作要求、工作中的忌讳以及最大的需求等有一个深入的了解,只有这样,才能在执行任务的时候避免出现沟通不良的情况,犯了上级的忌讳,得不偿失。

2. 提高自己的工作技能

员工要想保证和上司沟通顺畅,就必须不断加强自身的学习能力,提高自己的工作技能,能够让自己的工作效率跟上领导的步伐。很多时候,员工的执行不能达到最佳效果,就是因为能力达不到执行的要求,只是凭借自己的能力在吃力地完成执行任务,这样根本无法提高自我执行效率。当然,员工切勿按照自己的理解去执行,而要学会精确、迅速地与上级进行深入的沟通,才能保证高效地完成任务。

3. 恰当运用各种语言技巧和工具

语言是人与人之间进行沟通的关键性工具。如果你的语言过于烦琐或者委婉,根本无法做到沟通到位。因此,这就要求员工在和上级沟通的时候,语言一定要通俗易懂,言简意赅,复杂的东西可以通过图示、比喻、故事等方式达成和领导有效沟通的目的,避免因为沟通不到位导致领导记不住或者抓不住重点,最后影响自我执行结果。

当然,在必要的时候员工还可以加入一些肢体语言,从而使沟通达到最佳效果。有时候,肢体语言在沟通中就是一种个人行为,可以透露出这个人的心理。此外,通过肢体语言,员工还可以观察到上级是否有时间、有兴趣和自己进行沟通，比如，上级不断地看表，就表示他的时间不多，这个时候，自己就要抓紧时间汇报重点或者另约时间。所以，沟通中恰当的肢体语言有助于内容的理解，还可以调节谈话气氛。

李鹏是公司销售部的一个小组长，手下有三个销售人员辅助自己一起完成销售目标，李鹏为人比较随和，也不喜欢争执，在公司和同事以及小组内成员的关系都比较好。但是最近李鹏却和组内成员周通发生了争执，原因就是周通心情不好，没有及时做他安排的工作。

原来在每周五下午例会上，李鹏进行工作进度的询问，在总结的过程中，他发现周通心不在焉，且他的工作进度严重落后，并且自己上午临时交给他一项紧急任务也没有完成，严重耽误了整个团队任务的执行进度。所以李鹏严厉地批评了周通，但是周通并不服气，说自己最近一周的工作强度太大，超过自己应有的能力和水平，完不成任务也是理所当然的。于是，两人在例会上就发生了小小的争执，最终惊动了上级领导，两人都受到了严厉的批评。事后，李鹏和周通都后悔莫及。

案例中，李鹏和周通不仅是同事关系，还是上下级关系。两人工作的时候，由于没有进行有效的沟通，最终导致执行效率低下，两人还出现矛盾，受到了公司领导的严厉批评。一方面，周通没有及时与上级进行沟通，导致自己的执行进度落后一大截；另一方面，李鹏作为周通的直属上司，也没有将工作的具体细节告知下属。那么，对于上级来讲，如何与下级员工更好地配合来完成任务，需要通过以下几个方面实现高效沟通。

1. 沟通前提：学会换位考虑问题

员工要想和同事更好地完成任务，就要在沟通的时候，弄明白双方的角色关系，努力站在对方的立场考虑问题。尤其是在关于利益方面，一般都会站在自己的角度抢着表达自己的意愿。那么，这个时候，就需要员工学会换位考虑问题，站在一个平衡点进行沟通，否则，沟通将无法进行。所以，在进行沟通之前，一定要学会换位思考，从双方的共同利益出发，使沟通的过程变得更加顺畅。

2. 沟通过程：适当地进行赞美

在与下级沟通的过程中，员工要学会适当地加上一句由衷的赞美或者一句得体的建议，这样会令下级感到你对他的重视，在无形之中，增加他们对自己的好感，使沟通更好地进行。当然，在沟通过程中最为重要的就是让执行目的更加明确，这个时候，就需要员工用最真实的情感体验来更好地沟通，用发自内心的真情实感进行互动，增强沟通的协调性，从而使员工的执行意愿变得更加主动积极。

3. 沟通注意：学会控制自我情绪

与下级沟通的时候，如果出现矛盾，员工要学会及时控制自己的情绪。因为，当员工的情绪处于失控状态下时，是无法保持冷静地沟通。情绪受到刺激所说的话、所做的决定很可能会使执行变得更加困难，也会严重影响大家执行的主动性和积极性。

只有积极主动地与上下级进行有效的沟通，才能保证高效的执行力，最终达到预期效果。有效沟通作为执行的关键，在很多时候，都需要员工真正将与上级、下属的沟通到位，才能发挥自我的执行力，不断提升执行效率。所以，员工要想具有高效的沟通力，就要做到以上三个方面，积极主动地与员工沟通。

第三节　摒弃沟通障碍

当代职场，越来越多的"80后""90后"成为工作中的主力军，自我意识强烈的他们在执行中经常有自己的想法。但是，很多时候往往都会因为沟通障碍而不能高效地执行。要知道，员工每天有50%的时间往往被无效沟通或者不良沟通浪费了。所以，要想提升自我执行效率，就必须加强员工的高效沟通力，摒弃沟通障碍。这就需要员工首先要了解沟通的四大障碍，并且做到对症下药。

第一障碍：心理障碍

影响个人沟通结果的很大一个因素就是心理障碍，尤其是先入为主的第一印象往往是了解对方的第一步。员工与他人沟通的时候，如果心理过于紧张，语言自然就会出现逻辑混乱的问题，难免给对方留下不好的印象，影响沟通效果，最终对执行效果产生严重的影响。所以，克服心理障碍是避免沟通不畅的一个重要方面。

如何克服：要想克服沟通中的心理障碍，达到有效沟通的目的，就必须打破心理障碍。如果心理过于紧张，可以先深呼吸，调节一下自己紧张的情绪，同时给自己积极的心理暗示，认为自己是完全可以与对方平等沟通的，要保持镇静，保持强烈的自信心。当然，在沟通过程中，员工要学会认真感知，集中自己的注意力，将想要表达的信息准确而又及时地传递出去，以便对方接受。最为关键的是，要学会培养自己稳定的情绪，这样才能更好、更加真实地进行信息的传递和判断。

第二障碍：语言障碍

语言作为沟通的主要工具，是保证员工有效沟通的关键。如果在语言方面出现障碍，那么，就可以视为无效沟通了，自然会对提升执行效率没有任何积极意义。因此，语言障碍是员工与他人沟通过程中必须克服的一个问题。当然，由于员工来自五湖四海，在语言或语音上存在明显差异，这就导致了沟通的语言障碍。

孙源是一家公司的部门经理，在准备一场大型会议的时候，孙源发现一个设备出现问题，不能正常播放。但是这时候，离会议开始只有一个小时了，于是赶紧去找维修工赵宇来解决问题。由于孙源是一个急性子，在和赵宇说话的时候，表现得很匆忙，就简单、快速地把问题说了一遍，由于说话过程中夹杂了几句家乡话，使得赵宇一开始没有理解孙源的意思,想了一会儿才明白他的意思。于是赵宇慢条斯理地告诉孙源,自己虽然很想帮忙,但是现在没有设备间的钥匙,无法取出工具。赵宇缓慢的语调,再加上本身情况紧急,使得孙源说话声音不自觉地加大,但还是无能为力。这时,可能是孙源喊累了,说话的语速慢了下来,开始和赵宇耐心地解释,赵宇说钥匙马上就送回来,应该能赶上。就这样,孙源顺利地解决了问题,使会议得以正常进行。

如何克服:和案例中的孙源一样,每一个员工都会遇到紧急情况,这时候,更应该镇定下来,注意自己的语言语气。要知道,语言运用得是否得当直接影响沟通的效果。在使用语言文字时,员工要以普通话为标准语言,要简洁、明确地表达出自己的意图。并且在叙事过程中,说理要言之有据、条理清晰、富有逻辑性,能够让对方明白自己的意思。当然,最为关键的是,员工要措辞得当,使自己的话听起来通俗易懂,必要的时候可以借助肢体语言,增强沟通的生动性和形象性,使得对方更容易接受,达到有效沟通的目的。

第三障碍:角色障碍

每一个员工在执行工作任务的时候,都扮演着不同的角色,自然就有不同的职责。角色的定位很可能导致沟通过程中产生分歧,对沟通效果造成不良影响。职责的不同、利益的不同使得员工在执行的时候,沟通的出发点自然存在障碍,因此,导致沟通不顺畅,影响执行效果。

如何克服:克服执行过程中的角色障碍需要员工学会换位思考。为了保证沟通的顺利进行，员工需要明确自身在沟通中的角色，同时对于对方的个性、价值观、宗教信仰等有基本的了解，避免因为角色的不同而阻碍双方达成共识。所以，员工要学会有针对性、有选择地传递一些有利于双方达成共识的信息，寻找双方利益的结合点，从而更好地完成任务。

第四障碍：环境障碍

环境障碍分为两个方面，一方面是选择沟通的外部环境，比如，选择光线昏暗、环境嘈杂、天气炎热、位置偏僻等的地方进行交流，肯定不会有好心情，并获得好的沟通效果；另一方面是沟通中的倾听环境，比如，对方自顾玩手机，或者沟通过程中开小差、接别人话茬等情况，都会影响沟通效果。

杨程是一家杂志社的主编，在月末开下个月选题会的时候，杨程决定先叫上两个副主编共同讨论下选题的方向。但是由于这天大会议室正好有人占用，于是决定在旁边的小会议室进行讨论。正值酷暑天气，小会议室没有安装空调，致使杨程在沟通过程中心浮气躁，再加上是月底，大家业务繁忙，不是手机响，就是有人敲门，而且另外两个主编还经常打断自己说话，杨程控制不住当场发火，使得这次选题研讨会不欢而散。

如何克服：沟通的外部环境至关重要，要选择开阔、安静、凉爽的地方进行沟通交流，这样有利于沟通双方的心情舒畅，营造一种积极的氛围。同时要集中精力，关掉手机，切忌在对方说话的时候随意打断，要学会换位思考，控制自己的情绪，避免出现环境障碍影响沟通效果。

以上就是沟通过程中的四大障碍和克服方法。员工要学会有效沟通，才能在执行任务的时候避免因为沟通不到位，造成执行偏离预期结果的情况发生。在当今社会，自我意识的不断增强使得沟通管理越来越重要，员工只有提升沟通能力，避免沟通障碍的发生，才能提高自我执行效率。

第四节　沟通的原则与技巧

有效沟通的最大意义就是沟通的一方能够将自己所要传递的消息传达给另一方，使得接收的人能够在沟通过程中对工作内容有一致的认识。良好的沟通可以增进双方对于执行任务的深刻了解，并且获得必要的帮助，让任务执行的成功率大大提升。但是，并不是每一次沟通都能达到这样的效果，要想使沟通变得更加有效，就必须了解沟通的特点，注重沟通的原则和技巧。

沟通具有四个特点，即随时性、双向性、情绪性、互赖性。员工应当尽量做到每一件事都沟通，同时还要注重沟通双方所在的地位，注意传递信息时的情绪控制，使沟通能够准确、及时地传达出去。当然，沟通的结果是由双方来确定的。因此，员工在与他人沟通的时候，应当注意遵循以下几个原则：

1. 平等原则

平等的原则是指沟通双方无论职位大小，都要明确双方之间人格平等，要做到互相尊重，坚持平等的原则。沟通者和被沟通者在执行任务的时候，有一个统一的目标，都为实现这个目标而全力执行。目标的一致性就对沟通的双方在人格平等问题上提出要求。要知道，在沟通和执行任务过程中，任何人格的不平等都会导致沟通效果会大打折扣。

当然，随着时代的发展和社会的进步，大家受教育的程度也在不断提高，尤其是以"80后""90后"为主的年轻员工，都有着较为强烈的平等、民主的意识，因此，切记要做到坚持平等的原则，而不是简单地扮演说服与被说服、发号命令与接收命令的角色，这样会影响人与人之间的平等关系。

2. 尊重差异的原则

每一个人都是一个独特的个体，都有自己的思想和认知。尊重差异就要求员工在与他人沟通的时候，能够以平和的心态来看待那些不同的甚至对立方的意见，不能单纯地对意见进行片面否定，要理智看待问题，不断完善执行过程，纠正不当之处，提高自我执行效率。当然，每个员工的知识水平、文化水平、工作经历等都可能存在较大的差别，自然，在沟通过程中不可避免地会对同一个问题有不同的看法，这时就需要双方在交流过程中，达成一致的意见，或者求同存异，在尊重差异原则的前提下进行双向交流。

3. 信息沟通的原则

信息沟通的原则就是指沟通的双方进行信息、思想、观念以及情报的传达过程。信息沟通包括四种基本要素，有意识信息传播、信息接受者、信息内容、信息传播媒介。在实际工作中，特别是上下级之间，如果出现矛盾或者隔阂，都可以从信息沟通上找到原因。所以，掌握和提高信息沟通的艺术，能够更好地提高自我执行效率。

吴丽是一名刚毕业一年的职场人员，经过一年的历练，她跳槽到了现在的公司。刚到公司不久，老板就安排她做一份重要的策划，公司最近在城北一个居民区附近买了一大块地，她负责调查一下周围的市场情况。

吴丽见自己刚来老板就委以重任，所以说干就干。虽然，自己对老板说的"市场情况"的具体内容不是很了解，但是多做些准备工作总不会错。于是下决心一定要干好，不辜负老板的信任。

但是吴丽不确定老板究竟是让自己做公司新买那块地的策划，还是开发周围小区市场的策划，于是就准备询问一下经理，但是她正好赶在经理比较忙的时候问，经理也没时间具体解释，就说晚点再说吧。

吴丽想了想，还是做了那块地的开发策划。但是，吴丽的方案一改再改，直到老板告知大型商厦已经动工，询问她是否已经了解了市场，可以确定招商方案的时候，吴丽才知道，老板让她调查的是这片区域的商业市场情况。这时，吴丽才发现，自己压根儿没有想到那边新开了一个大型商厦，错误地认为是那块地的开发方案。和老板没有沟通好自己所要执行任务的方向，以至于到老板要结果的时候，什么都给不了。

案例中，吴丽这样的工作结果就是由于在执行任务的时候和老板没有及时沟通而导致的。沟通不仅要到位，更多的时候，是要沟通及时、准确，才能更好地完成任务。员工在执行上级安排的任务的时候，最怕的是不和上级沟通，而是想当然地去做，结果自己没有领会老板所要表达的意思，最终达不到上级的要求，影响个人的发展前途。因而，掌握以下沟通技巧，能够让员工更加高效地完成工作。

1. 思维活跃，有新鲜灵感

员工在与人沟通的时候，一定要有灵活、活跃的思维，要学会把话题引到对方关注、感兴趣、有新鲜感的方面，这样才能把话说到对方的心坎上，才能引起对方的共鸣。思维活跃、有新鲜灵感的谈话才能够在沟通中消除彼此的距离，让双方的谈话更容易进行下去。所以，员工只有善于思考，对事情有独到见解，在执行任务过程中有新鲜的灵感，才能吸引对方的兴趣，调动对方的积极性，有效地进行沟通。

2. 言辞谦恭，杜绝傲慢

在沟通的时候，一定要言辞谦恭，学会运用最谦逊的语言来表达谈话的内容，傲慢的谈话态度只会让对方感到不受尊重和厌烦，并且失去谈话的兴趣。每一个员工都有自己的谈话风格，但是无一例外的都需要在沟通中保持谦虚恭敬,切不可有骄傲怠慢的思想,只有这样,才能让对方看到自己的态度,从而使谈话得以顺利进行,达到沟通的目的。

3. 不卑不亢,谦虚请教

沟通是一个双方平等的场合,在这个场合中,员工要有恰当的分寸,既不低声下气,也不傲慢自大,对于沟通中有不理解或者不懂的地方,能够虚心请教对方,真正做到不骄不躁,不矜不伐,以谦虚的态度来更好地沟通。所以,员工在沟通中要做到不卑不亢、谦虚请教,只有这样,才能使沟通朝着预期的方向进行,更好地掌握沟通的尺度和主动性,结合对方的意见,使沟通达到最佳效果。

沟通的原则是双方进行有效沟通的前提,沟通技巧的好与坏决定了执行方向正确与否,让执行到位因有效沟通而变得更加简单。沟通作为贯穿每一项工作的关键,在很多时候都需要员工重视起来,切不可因为沟通不畅使得执行不到位,影响执行效率。因此,员工掌握了沟通技巧,统一执行方向,自然就会不断提升自我执行效率。

第十一章
执行中的团队合作力：
增强自我执行力

马云曾经说过："不用花心思打造明星团队，团队即是可以和自己脚踏实地将事情推进者。"当今社会是一个团队合作的时代。要想获得好的执行效果，就必须增强员工的团队合作力。而团队的合作力就是员工执行能力提高的关键。只有学会依靠团队的力量，才能在执行中弥补自身的不足，将任务完成得更加完美。

第一节 消除个人意识，积极融入团队

个人的力量是有限的，即使自己的能力很强，在整个大目标面前，也只能发挥自己仅有的微薄力量。只有明白团队合作的重要性，将自己的利益和团队的利益结合在一起，才能更好地完成大目标。所以，只有消除个人意识、积极融入团队中，才能不断加强团队的合作力，并且增强自我执行力，达到最终的执行效果。

众人拾柴火焰高，在集体行动中，只有不断地去除个人意识，积极地融入团队中，才能更好地完成执行任务。无论在什么时代，员工作为企业中的一员，都要学会将自身的执行力发挥到极致，才能更好地完成任务。

郑锐是一所著名大学的优秀毕业生，由于学的是医疗器械专业，毕业之后就进入一家著名的公司担任业务员。凭借着专业的知识和良好的销售技巧，郑锐很快就摆脱了新人的身份，成为公司业绩最好的一个。但是，有了成绩的郑锐开始有点飘飘然了，并且开始对别人的工作指手画脚，还经常对那些处理不好他产品的售后人员冷嘲热讽，暗示他们能力不行。还经常暗地里对大家说："你们都是靠我，没有我，你们早就丢了饭碗了。"慢慢地大家都不爱和郑锐说话了。

就这样，郑锐在公司很快失去了人心，虽然他的销售业绩高，但是他的售后问题也是最多的，并且续单率还特别低，给公司的名声造成了较大的影响。而且，郑锐所在的销售团队开始不着痕迹地将他孤立起来。很多时候，郑锐都因为自己一个人又要谈业务，又要处理售后问题，而且公司还经常有一些事情需要亲自去办，无法拿出更多的精力投入到开拓业务中，所以销售业绩一度下滑得很厉害。

面对这种状况，郑锐心想不能再这样下去了。他请了半个月的假，开始对自己进行深刻的反省。他认识到，自己必须改变目前的工作方式，与整个销售团队融为一体，毕竟医疗器械的销售不仅需要自己专业的知识和良好的销售技巧，还需要强大的团队支持，让自己无后顾之忧。再次返回公司的郑锐开始不断改善自己和团队成员之间的关系，把自己融入其中，与销售人员打成一片。一年之后，郑锐凭借自己较强的工作和管理能力，成为一个优秀的销售主管。

事例中，郑锐起初之所以被孤立，销售业绩不断下降，就是因为没有学会将个人意识消除，只要学会将自己融入集体当中，将团队成员的执行力凝聚在一起，自然就会不断加强自我执行意识。所以，员工要学会不断将自己性格中的棱角磨平，学会将自己完全融入团队中，才能更好地完成任务。马云曾经说过："阿里巴巴可以没有马云，但是不能没有这个团队。"将自己融入团队中的重要性自然不言而喻。因此也要求员工必须了解以下几点：

1. 学会与人合作，走得更远

员工要想走得更远，就必须学会与团队成员合作。虽然一个人可以更快地完成工作，但是与他人合作却可以让自己走得更稳。因此，员工要学会体会团队不同角色的辛苦，让自己成为他们的同伴，才能走得更稳、更远。每一个员工都可能面临不同的困难和阻碍，没有人是万能的，这个时候就需要团队中其他成员来帮助自己，让自己在执行的道路上不至于被困难和阻碍所吓倒，最终影响执行效率。

2. 消除个人意识，但是也要坚持个性

要想成为一个有着超强自我执行力的员工必须认识到团队的重要性，消除个人意识，将自己和团队的发展紧密结合起来。但是，在这个过程中，也要学会坚持自己的个性，具备超强的自我执行力，坚持自己的超前判断，从而不断引导团队朝着一个正确的方向前进。在团队合作过程中，只有团队成员之间有个性差异，才能满足岗位的不同需求，不断增强自我执行力，让自己的智慧得以更好地发挥。

3. 树立主人翁意识和责任感，融入集体中

很多员工不能将自己融入集体，就是因为他们将自己和团队分离开，不能真正将自己和团队融为一个整体。员工只要树立起主人翁的意识和责任感，将自己融入集体中，就会不自觉地维护这个集体，增强团队成员之间的凝聚力，自我执行力也会不断增强。因此，要想成为团队中的

一员，就需要实现从"我"到"我们"的转变，从心底认为自己是团队的主人，理所当然地维护团队的利益。

消除个人意识，不是说说而已，很多时候是要求能够从内心深处来意识到这个问题，将自己的个人利益和发展与团队联系在一起，融入团队中，打破"一切我都能行"的个人意识，树立起团队协作意识，依靠团队合作的力量，不断增强自我执行力，实现自己不可能完成的目标和任务。

第二节　学会分享才能共赢

在职场中，很多员工一旦取得了一些成绩，就自视清高，仿佛功劳都是自己的，忘了在执行任务过程中帮助过自己的同事，这个时候，就特别容易招来同事不满，甚至是嫉妒，以至于自己在获得成功的时候也失去了"人心"。每位团队成员都要懂得分享，学会分享。要知道，很多员工之所以成为卓越的员工，就是因为在团队中懂得与他人分享，真诚地去感谢那些帮助过自己的同事，表面上看是将自己的劳动成果分享了出去，实际上，让自己在以后的任务执行中不会因为被孤立而失去援助之手，可以有效提升执行效率。

在职场中的一条黄金法则就是:"有福同享,有难同当。"个人的发展与团队有着密不可分的关系。"有功莫忘提战友",只有在团队合作中,学会分享劳动成果,获得同事的认可,培养自己良好的人际关系,才能在之后的工作中更加高效地完成任务。

韩云是某保险公司一名新进业务员。她凭着不懈的努力和良好的销售技巧,经过半年的时间,就成为公司的精英人物。积累了大量客户资源,对老客户也有良好的维护。但是韩云知道,在工作之初,要不是有老员工尽心尽力地带自己,自己也不会进步得这么快。她认为没有大家就没有如今的自己,于是,在每次领导表扬自己的时候,韩云都会说:"要不是有其他员工对自己的帮助,自己也不会进步如此快,是大家的功劳。"并且,每次自己得到别人帮助的时候,或者发工资的时候,都会给大家买一些水果表示感谢。

就这样,韩云和团队中成员的关系越来越好,自己的业务也越来越稳定,不用再那么拼命就能够轻松完成部门分给她的销售任务。后来,韩云自己也带了一位新员工。在她带新员工三个月的时候,突然接到家里电话,说母亲生病了,需要回家照料一段时间。于是,韩云就请假回家了。由于走得匆忙,自己很多客户的维护工作并没进行妥善安排,再加上家里事情比较多,韩云很快就忘了。

然而,当韩云终于忙完家里的事情,已经是三个月后了。她回到公司，第一时间就去向经理表达歉意，毕竟自己没有将工作安排好，给公司带来了一定的损失。但是经理却告诉她，她所在团队的其他成员帮助她处理好了客户维护工作，并且向客户解释了原因，客户们都表示非常理解，而且，团队中很多成员在维护自己客户的同时，又开拓了很多新的客户资源，使得自己团队的业绩得到了显著提升，实现了双赢。

案例中，韩云之所以能够在走后，得到同事的帮助，就是因为自己在工作中懂得分享的重要性，学会了分享，最终不仅自己的客户得到了较好的维护，还让整个团队成员的业绩都有所提升，实现了双赢。所以，员工在团队合作中，要学会分享，不断实现双赢。因而，在团队中，需要员工从以下几个方面入手来达到最终双赢的结果。

1. 学会将成功经验和同事分享

当员工取得工作成绩的时候，要学会将自己的成功经验和同事进行分享。可能这个业绩只是凭自己的努力得到的，也可能是通过他人的帮助得到的，不管怎样都需要员工学会分享成功后的经验。当然，员工也可以选择给大家买些水果和饮料，也可以选择请大家吃饭，在席中感谢大家的帮助，或者准备一些小礼物送给帮助过自己的那些同事，让大家感受到自己的快乐，同时为整个团队大目标的执行提供更多的动力，更快、更好地完成团队任务。

2. 要让领导知道是团队成员通力合作的成果

依靠整个团队通力合作、全体成员共同努力才能完成的个人任务，在领导奖励自己的时候，一定要学会将成绩归功于整个团队，切不可为了一点奖励，贪图功劳，最终丧失人心。只有让领导知道每个成员都付出了努力，才能为同事争取一点奖励，还会在领导中留下做事顾全大局的形象，同事也会因为自己的做法而感到欣慰和温暖，在下次执行任务时，才能更加尽全力地帮助自己。

3. 在分享过程中不断获取新的资源

在职场中，当员工与同事分享自己的资源、自己成功经验的时候，同事自然也会反馈给自己所需的信息，达到共赢的效果。如果你将这些资源和经验视为"私有财产"，拒绝和别人分享，久而久之，自然不会从别人那里得到任何有用的信息。所以在团队中，要想达到互惠互利的目的，就必须学会分享，同时吸收新的信息，得到新的资源。当然，要想有更多的收获，员工还需要注意观察，善于倾听，与同事不断沟通、交流。

团队合作的时候要学会分享，不仅是团队凝聚力和合作精神的体现，也是公平和公正的体现。只有懂得分享才能避免无谓的纷争，才能取得更好的成绩，达到一举两得的目的。员工要想增强自我执行力，就必须学会依靠团队的力量，和团队成员齐心协力，在完成自己任务的前提下，还能让团队大目标得以更快、更好地实现。

第三节 合理分工，各尽所能

在当今社会，无论在职场中，还是生活中，都需要学会发挥所长，尽自己应尽的职责。完成一项艰巨的任务，仅仅靠个人力量是不行的，必须依靠团队的通力合作才能达到最佳的执行效果。而且在职场中需要依靠各种各样的计划运作，科学合理的分工可以使执行流程简单化，更能提高执行速度、缩短执行时间、减少执行中出现的摩擦并提升执行效率，让每一个员工都各尽其能。因此，只有合理地进行分工，发挥各自的优势，加强团队合作力，才是提升自我执行力的关键。

试想一下，假如在工作执行过程中，不能对任务进行合理分工，而是各持己见，自己想干什么就干什么，那么，执行的过程自然就没有规律可循，也不能将自己的优势突显出来，更无法使任务得以顺利地完成，达到预期效果。所以，对工作流程进行合理分工，将自己的能力发挥到正确的地方，才能更加出色地完成任务。

孙倩是公司销售团队的基层组长，很多时候，需要负责传达上层领导对于团队的销售任务和指标。孙倩的团队有八个成员，有三个老员工在公司成立之初就鞍前马后，比较了解市场的状况。还有五个新员工，是从大学里招来的大学生，专业知识很扎实，但是，对于市场信息了解就不如那几个老员工了，而且销售技能也有待提升。

这次公司交给孙倩两种产品去销售，一款是高端产品，价格比较高，但是相应地提成也比较可观，而且还需要有较好的销售技能；另一款产品的价格比较低，属于普通阶层的消费品，提成比较低，但是却可以很好地锻炼自己。

公司经理给了他们团队整体指标，也给两款产品分别规定了相应的指标，希望两款产品能够同时得到推广。孙倩虽然觉得自己已经强调过对两款产品不能有所偏重，但还是觉得应该进行一个详细的分工，毕竟有两款销售产品，而且，也不能让销售比重有所失调。

于是，孙倩就针对此次销售目标做了一个详细的分配，让两个销售技能较好的老员工来负责高端产品的销售，并且配备了一个有较强专业知识的新员工，务必在高端产品的销售中避免意外的发生。然后又让另一个老员工带领剩下的四个新员工来销售价格比较低的产品，最主要的是低端产品的销售需要经常面对不同的消费群体，是这些新员工锻炼自己销售技能的绝佳机会。

孙倩详细地安排好任务之后，大家都开始有条不紊地工作了。经过大家的不断努力，最终孙倩所在的团队，无论是高端产品，还是价格较低的产品都超额完成了任务，并且新成员都有较大的进步，最终得到了经理的大力表扬，自然自己所带领团队也得到了丰厚的奖赏。

案例中，孙倩之所以能够在团队的执行中，完美地完成任务，一个主要原因就是在团队执行过程中，进行了详细、合理的分工，各自发挥自己的长处，才能将整个团队团结起来，更好地完成任务。所以，在团队合作中，要将工作进行合理的分配，不断将自己和每位同事的优势发挥出来，为整个团队的发展贡献出自己的力量。所以，员工要想真正做到合理分工，各尽所能，就必须注意以下几点：

1. 在与其他成员沟通时，要勤观察，多思考

在团队工作中，要学会留心观察，设身处地地站在团队其他成员的角度来考虑问题，理解问题。在团队执行任务的时候，通过勤观察，多思考，了解其他成员的优势和劣势，将其他成员的执行也考虑周到，才能将团队各个成员的优势发挥到极致，更好地完成任务，而且不至于因为自己一个人的执行不利影响整个团队目标的实现。

2. 考虑到团队其他成员的利益

在团队合作中，还必须学会将自己融入团队中，要学会在执行中考虑到其他员工的利益，不能因为这件任务的完成对自己利益比较多一点，就自己来做。要学会将其他成员的利益也考虑进去，要进行合理的分工，才能让大家在工作的时候有统一的目标和方向，不断地为完成任务而坚持不懈的工作，达到最佳的执行效果。

3. 站在团队的立场上换位思考

要深刻地认识到自身利益和团队利益是紧密相关的。只有真正认识到自己的利益是建立在团队利益基础上的，才不会以自我为中心，只考

虑自己的感受，才不会我行我素。而且，员工还需要学会站在团队管理者的角度上来换位思考，如何更好地为团队创造利益，完成大的团队目标，而不是只顾个人利益斤斤计较，不服从管理者的安排，最终使得工作不能合理划分，团队成员无法各尽其能。

合理分工、各尽其能不是说说而已，而是要真正将自己融入团队中，并建立团队的主人翁意识，提升自我执行的责任感，能够以良好的心态接受团队细分的工作，将自己的优势最大限度地发挥出来，实现团队的总目标，自然也就实现了自己的个人目标。所以，要想更好地完成任务，就必须学会依靠团队的力量，团队成员之间互帮互助，进而有效提升自我执行力。

第四节　塑造统一价值观，增强执行凝聚力

在当今社会，随着科技的不断发展，人们的教育水平也在不断地提高，自我意识也在不断增强。越来越多的员工开始过于强调个人的执行力，而忽略了团队的凝聚力，究其原因，在于在团队中没有形成一个统一的价值观。执行的凝聚力就是要求每个员工有一致的目标和价值观，在执行工作任务的时候，能够有坚定的信念，不折不扣地去执行，实现

团队目标。

每一个团队的管理者都希望拥有高效的执行力和战斗力的员工。但是，在实际工作中，很多团队都缺乏一个统一的价值观，不能将自己团队中的各个成员的力量凝聚起来，自然就无法增强执行的力量。所以，在团队合作过程中，员工要不断塑造出一个统一的价值观，增强执行的凝聚力，最终更高完成任务。通常来说，员工需要从以下几个方面入手：

1. 制定统一、明确的目标

每一个成员都有个人目标，这是个人努力和前进的方向。而在团队中，有统一、明确的目标能够成为全体成员努力和前进的方向，也能调动成员的积极性，成为有效执行的保障。而有统一目标的团队自然就会有统一的价值观，能够在执行过程中努力克服困难，取得最佳的执行效果。

2. 和其他员工之间沟通需要到位

如果沟通不到位就会导致共同的目标得不到全体成员的理解和认可。团队成员不仅仅负责执行，还要学会进行详细的讲解和沟通，真正理解所要执行的目标，摒弃各种不好的想法，有着统一的价值观，朝着目标不断努力，自然而然地，团队成员之间的执行效率就会大大提高。

3. 有团队主人翁的责任感

每一位员工都是团队的主人，都对团队的进步和发展有着不可推卸的责任。要摒弃内心"我是在为企业工作，和自己并没有太大的关系，做得再多、再好都是为企业服务"的想法。只有所有员工具备强烈的责任感，在执行任务过程中不敷衍了事，才能不断提高执行效率。所以，在团队中，员工要有主人翁意识和强烈的责任感，才能和团队的统一价值观融合在一起，不断增强执行的凝聚力。

4. 了解分工明确带来的责任明确

团队作为一个有机的整体，假如分工不明确，就可能导致责任不明确。只有合理地进行分工，让职责明晰起来，才能让团队成员有明确的执行方向，以及清楚自己最终要达到什么样的执行效果，让团队更好地运转。而且，在团队发展中，团队成员之间分工不明确就会导致责任不明确，即使计划和目标是清晰的，但是在执行任务过程中，团队成员也会因为责任不清而产生迷茫感，导致执行结果不佳的情况出现。

因此，只有将目标与责任统一起来，将团队成员的岗位进行合理安排，定岗定责，将每一个岗位的职责明确到指定的员工身上，让其明确，这就是他的责任，无论出现什么样的结果，都是他的责任。一旦有明确责任的鞭策，团队成员的执行力就会在压力下逐渐提高，团队整体目标对团队成员的约束力也会随之增大，从而起到提升团队整体执行力的作用。

5. 积极营造和谐、轻松的团队氛围

团队氛围和谐是促进团队正确价值观形成的一个关键因素。团队成员之间，每个人只顾做好自己的本职工作，在同事遇到困难的时候从不伸出援手，有时候还会幸灾乐祸、落井下石。久而久之，团队成员

之间就只剩下钩心斗角。团队氛围不够和谐，团队之间的价值观自然很难统一，团队的协作就不容易达到默契，团队的执行力就不可能有所提高。

其实，在每一个企业，员工需要的是将自己融入集体中，以团队利益为重，和团队有着统一的价值观。只有为了共同的目标而努力，团队才能在执行任务过程中无往不胜。总而言之，要想成为一名卓越而有着超强执行力的员工，就必须塑造和团队一样的价值观，增强自我执行力，进而更好地达成团队目标。

第五节　众人拾柴火焰高，执行力1+1>2

时代在不断发展，当前职场中，很多员工都是"90后""00后"，都是家里的独生子女，是家里众星捧月的"小皇帝""小公主"，在工作中自然喜欢出风头，尽可能地展现个人风采。但是对如今的企业而言，企业需要员工能够团结在一起，获得1+1>2的执行效果，共同为了企业的发展而努力。这样才能在实际工作中取得显著的成绩，也只有这样的员工，才能拥有更好的发展前景。

当然，一个团队要想更好地获得1+1>2的执行效果，就要求每一个成员都要以大局为重,真正将自己的个人得失放下,将自己的个人追求和团队的大目标结合在一起,将团队的整体效益作为自己的追求目标。只有得到同事的支持和帮助,才能更好地发挥众人拾柴火焰高的力量,使执行力达到1+1>2的效果。

郭蕊和张洁是同一家公司的主要设计师,在这家公司,很多时候的设计都是需要她们共同来完成。今年年初,经理招聘了四个设计师助理,都是名牌大学的应届毕业生,决定好好培养一下他们,也为郭蕊和张洁减轻一点负担。这时候正好有一个重要的设计方案需要她们两个来设计,于是经理就让她们每个人各带两个新人完成自己的设计方案,自己最后再选择一个最佳方案。

就这样,郭蕊和张洁各自带着两个新人开始设计,但是郭蕊比较喜欢一个人独立完成设计,不喜欢他人在旁边协助,而且,她感觉自己作为一名资深设计师,是不需要这些新人帮助的,自己只需要在她们日后的工作中加以指导就可以,因此,此次设计方案就没有带他们一起进行,而是自己一个人加班加点地赶出来了。

张洁就不同了,她本身就是一个外向活泼的人,自己平时设计的时候,就爱听听别人的意见,因此,就让这两个新人也加入设计中,没想到两个新人的专业知识非常扎实,再加上比较年轻,想法比较新颖,还真给了张洁不少灵感,于是,她让这两个新人帮助自己完成一些简单的构思设计，然后融入自己的设计中，很轻松地完成任务，还比以往的设计更加新颖。

设计稿交出之后，毫无意外地，张洁的设计得到了老板的夸奖，而郭蕊都是根据自己固有的经验设计的，和以往一样，没有太多的突破，自然就落选了。

同样的团队成员，但是不同的设计师，设计的结果自然各不相同。为什么会出现这样的设计结果呢？一个很主要的原因就是设计师和新人之间缺乏团队意识，不能默契配合。一个高效运作的团队，同事之间真诚合作，重视各个细节，善于总结经验和教训，才能够获得 1+1>2 的执行效果。了解了这些之后，员工就会明白，在与团队合作过程中要想达到 1+1>2 的执行效果，就需要注意以下几点：

1. 在团队中善于倾听

在团队中，员工要善于倾听，才能够让自己更好地了解他人的想法，否则无法通过沟通找到更好的办法来完成任务。只有通过倾听了解不同的意见，求同存异，取长补短，才能更好地将大家集合在一起，不断加强团队的合作力，进而提升自我执行力。

2. 将自己的想法准确、清晰地表达出来

在和别人合作的时候，员工要学会以讨论问题的方式提出自己的意见，不要用指示、命令的方式说出来，而且要能够接受不同的意见。

当然，在合作过程中，难免会遇到不同地区、不同年龄的人，各自有不同的教育背景和成长环境，这就要求员工要用通俗易懂的语言将自己的想法准确、清晰地表达出来，从而保障团队成员之间的沟通更加有效。

3. 以理服人，以情动人

团队成员之间要想合作，就必须达成一致的意见和目标。但是，每一个人都是单独的个体。同样的一件事情，自然也就会有不同的想法。这个时候，要想达成合作的条件，也为了更好地完成任务，就必须学会证明自己说的是对的，也要学会用情来拉近彼此之间的距离。要知道，沟通的顺畅要求员工不仅要学会摆事实讲道理，更要学会谈心，只有这样，才有机会和别的员工进行更深层次的情感交流，自然在执行中就能够发挥各自的优势，有更加默契的执行力，达到1+1>2的执行效果。

4. 避免强势，有话好商量

众人拾柴火焰高，意思就是团结力量大。如果中间产生了利益冲突，或者因为意见不合起了摩擦，一定要学会冷静，千万不可强势地发生争执，否则会和团队中的其他成员产生矛盾，影响自己以后工作的开展，得不偿失。所以，要想达到1+1>2的执行效果，就必须在团队合作过程中，避免强势的做法，好好沟通，真正将大家凝聚在一起，才能更好地完成任务。

以上就是要想达到 1+1>2 的执行效果，员工必须注意的几个问题。在团队成员合作过程中，只有将各个员工凝聚在一起，才能将各自的优势集合起来，更加高效地完成任务。不仅仅是说员工一起工作，更重要的是员工与员工之间能够消除隔阂，更多的时候，能够发挥各自的专长，从而使执行的过程更快、更稳，达到意想不到的效果。